タスクベースで学ぶ日本語

中級 1

Task-Based Learning Japanese
for College Students

国際基督教大学 教養学部 日本語教育課程　著

スリーエーネットワーク

Published by 3A Corporation.
Trusty Kojimachi Bldg., 2F, 4, Kojimachi 3-Chome, Chiyoda-ku, Tokyo 102-0083, Japan

ISBN978-4-88319-904-4 C0081

First published 2022
Printed in Japan

はじめに

　本シリーズは中級レベル（CEFR の B1 〜 B2 レベル）の日本語の習得を目指して開発された総合的な教科書です。中級レベルを 3 つに分け、取り上げるテーマやタスクを身近で取り組みやすいものから徐々に複雑で抽象的なものへと配置し、3 巻のシリーズとしました。各巻には 7 つの課とプロジェクトがあります。

　各課の構成は全巻共通となっています。どの課にも学習者のニーズや興味に合わせたテーマを設定しており、学習者は個人あるいはペアやグループでそのテーマについて考え、理解を深めるさまざまなタスクに取り組みます。クラスメートとのやりとりや協働作業が多いのは、それらの活動を通して相対的な視点を持って他者と対話することを学べるようにという意図からです。また、適切な情報の取捨選択ができるようになるために、情報検索のタスクも取り入れています。

　各課の中心となるメインタスクでは、聞く、読む、話す、書く、やりとりなどの技能のいずれかに焦点をあてています。テーマについて考える上で必要となる概念を活性化させたり、言語知識や言語スキルについての気づきを促したりすることを通して、日本語の力を高めるとともに、テーマについての理解や思考もまた深めることができるようになっています。これが本シリーズの大きな特徴です。

　国際基督教大学（ICU）の日本語教育課程は、多様な文化や価値観の中で相対的な視点を持ち、社会に貢献できる人の育成を目指すことを理念として掲げてきました。そのため、日々の学びを通して、大学生活で必要な日本語力はもちろんのこと、客観的、相対的、多角的な視点を持って思考し学術的活動ができる力、そして、問題解決能力、情報収集能力、主体的に学び続ける力を培うことを目指しています。

　また、近年は、タスクに基づく言語教育（Task-Based Language Teaching）にも取り組んできました。ここで言うタスクとは、学習者が日常生活、学業、仕事などの場面で遭遇し、遂行しなくてはならない課題のことです。数多くのタスクの中から大学生として在学中や卒業後に出合うものを選び、初級から上級までの各レベルにおいて、どのタスクに焦点をあててカリキュラムをデザインすれば学生の力がよりよく伸ばせるかを検討し、授業を行っています。その一部である中級レベルの授業内容を結実させたものが本シリーズです。

　昨今、世界的な情勢の変化に伴い、さまざまな分野においてオンライン化が急速に進んでいます。ICU でもオンライン授業を行ってきましたが、本シリーズの試用版で学んだ学習者からは「オンラインの授業でも、対話の機会が十分にあった。」「直接会わなくても、授業を通して相手の考えを深く知ることができ、自分の考え方も変わった。」などの声が寄せられています。

　本シリーズで学んだ学習者が、日本語を用いて生き生きと活動し、社会で活躍していくことを、心から願っています。

2022 年春　　執筆者一同

目次　Contents

はじめに

第1課　習い事は役に立つ？……………… 1
Are after-school activities useful?

第2課　漢字・ひらがな・カタカナ、どれで書く？……………… 13
Kanji, hiragana or katakana: Which should you use?

第3課　昔話の世界を知ろう……………… 25
Learning about the world of Japanese traditional tales

第4課　旅の計画を立ててみよう……………… 37
Planning a trip

第5課　違いについて考えてみよう……………… 49
Thinking about differences

第6課　音楽にはどんな力がある？……………… 61
What is the power of music?

第7課　日本から世界へ……………… 73
From Japan to the wider world

学習項目一覧

課	タイトル	目標	タスク			聞く	読む	話す	書く	やりとり
1	習い事は役に立つ?	習い事の経験について、自分の気持ちや考えを理由も織り交ぜながら、時系列で語ることができる。	プレ	知っていることを話す						○
				インタビューを聞く		○				
			メイン	**経験について詳しく話す**				◎		
			ポスト	経験について発表する				○		
2	漢字・ひらがな・カタカナ、どれで書く?	日本語の表記の歴史や使い分けについて、事実に基づいて書かれた平易な説明文を読み、理解することができる。	プレ	知っていることを話す						○
			メイン	**説明文を読む**			◎			
			ポスト	調べたことを紹介する				○		
3	昔話の世界を知ろう	「浦島太郎」を例に、昔話の流れを理解し、新しい結末を創作して書くことができる。	プレ	知っていることを話す						○
				昔話の動画を見る		○				
				昔話を読む			○			
			メイン	**昔話の新しい結末を書く**					◎	
			ポスト	自分が考えた結末を紹介する				○		
				意見を言う						○
4	旅の計画を立ててみよう	グループ旅行をするならどこに行って何をするのがいいか、具体的な計画を立てるためにグループの仲間と話し合うことができる。	プレ	知っていることを話す						○
				情報を探して読み取る			○			
			メイン	**話し合いをして計画を立てる**						◎
			ポスト	計画について説明する				○		
				意見を言う						○
5	違いについて考えてみよう	自分にとって身近な国・地域と日本の違いについて考え、習慣や制度等を比較したまとまりある文章を書くことができる。	プレ	知っていることを話す						○
				インタビューを聞く		○				
				新聞の投書を読む			○			
			メイン	**比べて説明する文章を書く**					◎	
			ポスト	比べて説明する				○		
				他の人の話の要点をまとめる		○				
6	音楽にはどんな力がある?	ラジオなどのメディアで音楽の思い出について語られているのを聞き、その主要な点が理解できる。	プレ	知っていることを話す						○
				ブログ記事を読む			○			
			メイン	**ラジオ番組を聞く**		◎				
			ポスト	思い出について詳しく話す				○		
7	日本から世界へ	点字ブロックの誕生や発展について、事実に基づいて書かれた説明文を読み、主題を理解することができる。	プレ	知っていることを話す						○
				解説の動画を見る		○				
			メイン	**説明文を読む**			◎			
			ポスト	調べたことを発表する				○		
	プロジェクト							◎	◎	◎

文型・表現		漢字の言葉
1) N について 2) S(p) ＋のは N だ 3) 使役受身形 4) S(p) ＋おかげで 5) V ます＋なさい	6) N にとって 7) V ば＋よかった 8) N ／V ること＋を通して 　　N ／V ること＋を通じて	絵　地域　費用　活動 種類　通う　親　決める 選ぶ　役に立つ　興味 無理に　熱心に　練習 友達　続ける　経験　発表
1) S(p) ＋と言われている 　　S(p) ＋と考えられている 2) N のように 3) V (る、ない) ＋ことがある	4) V ます＋やすい、V ます＋にくい 5) V(p) ＋ことによって 6) S(p) ＋ところ、S(p) ＋点 7) 日本語のスタイル	漢字　言葉　意味　説明　文章 歴史　役割　世紀　主に　現代 普通　植物　強調　場合 違い　覚える　必要　表記
1) N 向けだ 2) N をもとに (して) 3) N1 という N2 4) V(p) ＋のを見る、聞く 5) N のようだ 6) N ばかりだ 7) なぜかと言うと＋ S(p) ＋からだ、なぜなら＋ S(p) ＋からだ 8) V る＋べきだ		昔話　物語　紹介　～様 暮らす　助ける　お礼　忘れる 心細い　案内　夢　美しい 恋しい　約束　感想 意見　　現実　失敗
1) N といえば 2) S(p) ＋かどうか、WH ＋ S(p) ＋か 3) A や／ AN ＋そうだ 4) V (る、ない) ＋ことにする 5) 何＋助数詞＋も、いくつも 6) N として 7) S(p) ＋らしい		～泊　準備　調べる　気候 情報　暑い　涼しい　寒い 降る　気温　晴れ　季節 結果　体験　実際に 絶対に　満足　国際的
1) N に関して V 2) N1 に／と比べて N2 は～ 　　N1 と N2 を比べると、～ 3) S(p) ＋だけでなく、～も～ 4) N1 ＋助詞＋の N2 5) S(p) ＋のではないだろうか 6) V (る、ない) ＋ようにする 7) S1。一方、S2。	8) S(p) ＋ようだ	法律　制度　習慣　結婚 選挙権　～側　お祝い 値段　伝統　留学　夫婦 批判　専用　食器　一緒に 区別　特別な　段落
1) V て＋ほしい 2) V ます＋そうだ 3) 命令形／禁止形 4) V る＋しかない 5) S1(p) ＋のは、S2(p) ＋からだ	6) S(p) ＋せい (で) 7) V る／ N の＋たびに 8) S(p) ＋という N	歌曲　試合　選手　集中 借りる　解消　再び　流れる 不思議な　泣く　悲しい　勇気 記憶　残る　熱中　迷う　悩む
1) N1 である N2 2) V る＋ところ 3) V る＋ようになる 4) V ます／ A く、～。 5) 複合動詞	6) V (る、た) ／ N (の) ＋通りだ 　　N 通りだ 7) A や／ AN ＋さ	機械　技術　手段　発明 世界　不自由な　危険 安全　協力　完成　実現 資料　経済的　豊か　良さ 形　機能　支える

List of Study Items

Section	Title	Goal	Task		Listening	Reading	Speaking	Writing	Interaction
1	Are after-school activities useful?	Can talk about your experience of after-school activities in chronological order with your feelings and thoughts, including reasons.	プレ	Talk about things you know					○
				Listen to interviews	○				
			メイン	**Talk in detail about your experience**			◎		
			ポスト	Give a presentation on your experience			○		
2	Kanji, hiragana or katakana: Which should you use?	Can read and understand a simple explanatory text based on facts on the history of Japanese orthography and its usage.	プレ	Talk about things you know					○
			メイン	**Read an explanatory text**		◎			
			ポスト	Present what you have found out			○		
3	Learning about the world of Japanese traditional tales	Can understand the flow of a Japanese traditional tale and write a new ending creatively, using "Urashima Taro" as an example.		Talk about things you know					○
			プレ	Watch a video of a traditional tale	○				
				Read a traditional tale		○			
			メイン	**Write a creative new ending to a traditional tale**				◎	
			ポスト	Introduce the new ending that you created			○		
				Express your opinions					○
4	Planning a trip	Can discuss with group members to make a concrete plan about where to go and what to do on a group trip.	プレ	Talk about things you know					○
				Search for and read information		○			
			メイン	**Discuss and make a plan**					◎
			ポスト	Explain the plan			○		
				Express your opinions					○
5	Thinking about differences	Can think about how Japan differs from countries/regions that you are personally familiar with, and write an essay summarizing comparisons of customs, systems, etc., between them.	プレ	Talk about things you know					○
				Listen to an interview	○				
				Read a letter to a newspaper		○			
			メイン	**Write an essay with comparisons and explanations**				◎	
			ポスト	Compare and explain			○		
				Summarize the main points of what other people say	○				
6	What is the power of music?	Can listen to and understand the main points of other people's memories about music in media such as radio.	プレ	Talk about things you know					○
				Read a blog post		○			
			メイン	**Listen to a radio program**	◎				
			ポスト	Talk in detail about memories			○		
7	From Japan to the wider world	Can read and understand the main theme of an explanatory text based on facts about the origins and development of Braille blocks.	プレ	Talk about things you know					○
				Watch an explanatory film	○				
			メイン	**Read an explanatory text**		◎			
			ポスト	Give a presentation on what you have researched			○		
	Project						◎	◎	◎

Sentence Patterns and Expressions	Kanji Words
1）Nについて 　6）Nにとって 2）S(p) ＋のはNだ 　7）Vば＋よかった 3）The causative-passive form 　8）N／Vること＋を通して 4）S(p) ＋おかげで 　　　　N／Vること＋を通じて 5）Vます＋なさい	絵　地域　費用　活動 種類　通う　親　決める 選ぶ　役に立つ　興味 無理に　熱心に　練習 友達　続ける　経験　発表
1）S(p) ＋と言われている 　4）Vます＋やすい、Vます＋にくい 　　S(p) ＋と考えられている 　5）V(p) ＋ことによって 2）Nのように 　6）S(p) ＋ところ、S(p) ＋点 3）V(る、ない)＋ことがある 　7）The styles in Japanese	漢字　言葉　意味　説明　文章 歴史　役割　世紀　主に　現代 普通　植物　強調　場合 違い　覚える　必要　表記
1）N向けだ 2）Nをもとに(して) 3）N1というN2 4）V(p) ＋のを見る、聞く 5）Nのようだ 6）Nばかりだ 7）なぜかと言うと＋S(p) ＋からだ、なぜなら＋S(p) ＋からだ 8）Vる＋べきだ	昔話　物語　紹介　〜様 暮らす　助ける　お礼　忘れる 心細い　案内　夢　美しい 恋しい　約束　感想 意見　現実　失敗
1）Nといえば 2）S(p) ＋かどうか、WH ＋ S(p) ＋か 3）Aゃ／AN ＋そうだ 4）V(る、ない)＋ことにする 5）何＋ counter suffix ＋も、いくつも 6）Nとして 7）S(p) ＋らしい	〜泊　準備　調べる　気候 情報　暑い　涼しい　寒い 降る　気温　晴れ　季節 結果　体験　実際に 絶対に　満足　国際的
1）Nに関してV 　8）S(p) ＋ようだ 2）N1に／と比べてN2は〜 　　N1とN2を比べると、〜 3）S(p) ＋だけでなく、〜も〜 4）N1 ＋ particle ＋のN2 5）S(p) ＋のではないだろうか 6）V(る、ない)＋ようにする 7）S1。一方、S2。	法律　制度　習慣　結婚 選挙権　〜側　お祝い 値段　伝統　留学　夫婦 批判　専用　食器　一緒に 区別　特別な　段落
1）Vて＋ほしい 　5）S1(p) ＋のは、S2(p) ＋からだ 2）Vます＋そうだ 　6）S(p) ＋せい(で) 3）The imperative form / 　7）Vる／Nの＋たびに 　　the prohibitive form 　8）S(p) ＋というN 4）Vる＋しかない	歌曲　試合　選手　集中 借りる　解消　再び　流れる 不思議な　泣く　悲しい　勇気 記憶　残る　熱中　迷う　悩む
1）N1であるN2 　6）V(る、た)／N(の)＋通りだ 2）Vる＋ところ 　　　N通りだ 3）Vる＋ようになる 　7）Aゃ／AN ＋さ 4）Vます／Aく、〜。 5）Compound verbs	機械　技術　手段　発明 世界　不自由な　危険 安全　協力　完成　実現 資料　経済的　豊か　良さ 形　機能　支える

このテキストの使い方

1.『中級1』のコンセプト

　このテキストは、CEFR A2 レベルに到達し、これから B1 を目指す人たちのための教材です。あるテーマやトピックについて日本語で学ぶことを通して、日本語の力と、内容を理解して思考する力の二つの力を身につけることを目指しています。

　授業では、日本語を使ったさまざまなタスクに挑戦します。そして、それらのタスクを行う時の支えとなる言語知識（語彙、文法・表現、漢字の言葉など）や言語スキル（メモの取り方、情報の集め方、発表のし方など）を学びます。これらをタスクの中で繰り返し使っていくことによって、わかるだけではなく、できるようになります。『中級1』では、課を追うごとに、テーマが身近なものからやや社会的なものへ、タスクも単純なものからやや複雑なものへとなるように構成されているので、1冊を通して学ぶことで B1 レベル（前半）の力が自然と身についていきます。

　また、このテキストでは自律的に学ぶこと、対話から学ぶことも大切にしています。日本語のクラスでは、さまざまな文化的背景を持つ学習者が集うこともよくあります。多様な価値観を持つ仲間との協働的対話を通して、自分の視野を広げ、深い思考力を身につけることができるでしょう。

2. 構成

　このテキストは、7つの課とプロジェクトで構成されており、各課にはそれぞれ決まったテーマがあります。各課にはプレタスク、メインタスク、ポストタスクがあり、それらを通じて、テーマに関する内容と日本語を多角的に学びます。また、言語形式に焦点を当てるための「文型・表現」と「漢字の言葉」のページ、そして、その課での学びを内省するための「振り返り」のページもあります。プロジェクトは、このテキストで学んだことを総合的に使いながらアカデミックな日本語スキルを学ぶ場として設定されています。

A. 各課の構成

1）テーマ

　初級レベルの日本語学習を終えたばかりの学習者のニーズや興味に合うものを選びました。学習の動機づけとなるような、教室の外とのつながりが感じられるもの、知的好奇心を刺激するものが中心になっています。

2）プレタスク

　その課のテーマについて、自分が知っていることを共有したり、基本的な知識を得たりするためのタスクが中心です。背景知識を活性化させるためのタスクのほか、聞くタスク、読むタスクを通じて豊富なインプットが得られ、次のメインタスクを行う準備にもなります。なお、プレタスクの段階では、テーマについての言語知識が十分でなくてもタスクに取り組めるように、各ページの下に語彙のリストを入れ、必要な語彙が理解できるようにしています。

3）メインタスク

　その課の最も中心的なタスクがメインタスクです。『中級１』では、「聞く」「読む」「話す」「書く」「やりとり」の５つのタイプがあります。内容が難しいものや時間のかかるものもありますが、いくつかの段階を踏みつつ、教師や仲間とともに取り組むことで、最終的にそのメインタスクが達成できるような工夫がされています。

4）文型・表現

　プレタスク、メインタスクでは主に内容や意味に焦点を当てて学びますが、ここで一度立ち止まり、プレタスクやメインタスクで出てきた言語の形式に注意を向けるのが「文型・表現」のページです。各課のテーマの内容を理解する時に鍵となるもの、B1 レベルの学習者にとって役に立つものを主に選んでいます。

5）ポストタスク

　メインタスクで学んだことを別の角度から振り返るのが、このポストタスクです。『中級１』では、言語の形式にも注意しながら、自分の経験や考えを日本語でまとめる、自分たちで考えた計画を日本語で説明する、調べたことを日本語で発表するなどの創造的・発展的な活動に取り組みます。

6）漢字の言葉

　各課のテーマの内容に関連する語彙で、かつ B1 レベルの学習者が知っていると良いと思われる漢字で表記するものを「漢字の言葉」として選びました。１課につき 18 語、計 126 語あります。このページの「漢字の言葉」にはルビが付いていません。プレ・メイン・ポストタスクで目にして使っていた言葉が漢字だけで示された場合でも読めるかを確認します。続いて、各課のテーマに関する質問文を使ってやりとりをします。それによって、漢字を読んで意味を理解した上で、聞いたり話したりするという総合的な練習ができます。また、そのテーマについて自分がどれだけ話せるようになったかを実感することができます。

7）振り返り

その課のタスクがどれぐらいできたかを振り返ります。できなかったものは、次にどうするかを自分で考えたり、教師からアドバイスをもらったりします。また、その課のテーマに関してどんなことに気がつき、どんなことを考えたかを内省し、それを日本語で表現します。

B. プロジェクト

『中級 I』のテーマの中から特に興味があるものを選び、それについて日本語でインタビューします。そして、インタビューで得た情報をまとめて発表し、レポートを書きます。この過程を通じて、インタビューをする、スライドを作って発表する、基本的な形式で約1,000字のレポートを書く等のアカデミックな日本語のスキルを身につけます。

3. 学習の流れ

第 I 課から順に学ぶことによって、BI レベルのタスクが無理なく達成できるようにデザインされていますが、I 課ごとに完結していますので、興味があるテーマや、やってみたいタスクの課を選んで学ぶことも可能です。また、各課と並行してプロジェクトを進めることもできます。授業の後に取り組む課題として、「漢字の言葉」練習シートや「文型・表現」練習シートもあります。

ICU の例（I 日 70 分 × 2 コマ、週 4 日の授業）

		I 日目	2 日目	3 日目	4 日目
授業 (70 分 × 2 コマ)		前の課のクイズ 「漢字の言葉」の紹介 プレタスク	メインタスク	文型・表現	ポストタスク 漢字の言葉 振り返り
課題		「漢字の言葉」 練習シート	メインタスクの 課題	「文型・表現」 練習シート	振り返り

4. 文法用語の凡例

N	名詞	V	動詞
AN な	な形容詞	V る	動詞の辞書形
AN	な形容詞の「な」をとった形	V た	動詞のた形
A い	い形容詞	V て	動詞のて形
A ~~い~~	い形容詞の「い」をとった形	V ます	動詞のます形の「ます」をとった形
N する	名詞＋する	V ない	動詞のない形
WH	疑問詞	V ~~ない~~	動詞のない形の「ない」をとった形
S	文	V ば	動詞の条件形
S(p)	普通形で終わる文。2つの文を示す必要がある場合は、次のようにする：　S1(p)、S2(p)	V よう	動詞の意向形
		V （ら）れる	動詞の受身形
		V(p)	動詞の普通形
		V(affirmative)	動詞の肯定形

このテキストでは、動詞を u-verb, ru-verb, irregular verb のように分類しています。

u-verb：「kaku（書く）」「oyogu（泳ぐ）」のように、辞書形が -u で終わる。
　　　　Ⅰグループ動詞、または、五段（活用）動詞とも呼ばれる。

ru-verb：「miru（見る）」「taberu（食べる）」のように、辞書形が -iru か -eru で終わる。*
　　　　Ⅱグループ動詞、または、一段（活用）動詞とも呼ばれる。

irregular verb：「suru（する）」「N-suru（N する）」「kuru（来る）」。
　　　　Ⅲグループ動詞、または不規則動詞とも呼ばれる。

＊ただし、「hairu（入る）」や「kaeru（帰る）」のように -iru, -eru で終わっていても u-verb の場合もあるので、注意が必要です。

5. 補助教材

以下の教材が、https://www.3anet.co.jp/np/books/4040/ にあります。

1.「漢字の言葉」練習シート
2.「文型・表現」練習シート
3. スライドのモデル・フォーマット（第 4 課、第 7 課で使用）
4. リスニングのスクリプトと音声

How to Use this Textbook

1. Concept of *Task-Based Learning Japanese for College Students Intermediate 1*

This textbook is designed for learners who have attained Common European Framework of Reference (CEFR) Level A2 and aim to attain Level B1 going forward. Through learning about various topics and themes in Japanese, this textbook aims to enhance two types of ability: ability in Japanese and the ability to understand various contents while thinking deeply about them.

In classes, learners will take up the challenge of completing various tasks using Japanese. Learners will also acquire the knowledge in Japanese (vocabulary, grammar and expressions, kanji words, etc.) and the language skills (how to take notes, gather information, give presentations, etc.) which will support them when carrying out these tasks. By repeatedly using such knowledge and skills while undertaking various tasks, learners will not only come to understand such knowledge and skills, but will also be able to put them into practice. Each lesson of *Intermediate 1* covers a variety of themes ranging from everyday topics to slightly more social ones, and tasks that run from simple assignments to more complex ones. Given this structure, learners are able to naturally master B1.1 level skills.

This textbook also places emphasis on autonomous learning and learning through dialogue. Japanese classes often bring together learners with a wide variety of cultural backgrounds. By holding collaborative discussions with peers with many different values, learners can broaden their mindsets and acquire the ability to think deeply.

2. Structure

This textbook consists of seven lessons and a project, with a set theme for each lesson. Each lesson has a Pre-Task, Main Task and Post-Task. By completing these, learners can learn the contents and Japanese pertaining to each theme in a multifaceted manner. Each lesson includes pages featuring Sentence Patterns and Expressions and Kanji Words which focus attention on certain language forms, as well as Self-reflection for reflecting more deeply on the lesson. The project section is intended to give learners the opportunity to acquire academic Japanese skills while making comprehensive use of what they have learned from the textbook.

A. Structure of each lesson

プレ タスク	メイン タスク	文型 ・ 表現	ポスト タスク	漢字の 言葉	振り返り
Pre-Task	Main Task	Sentence Patterns and Expressions	Post-Task	Kanji Words	Self- reflection

1) Theme

Themes are selected to meet the interests and needs of learners who have completed elementary level Japanese. The focus of the themes is to help learners feel connected to life outside the classroom and stimulate intellectual curiosity.

2) Pre-Task

This consists primarily of tasks in which learners share what they already know about the theme of the lesson, and acquire basic knowledge. Pre-Task also serves as preparation for the following Main Task. Learners receive a wide range of inputs from the task to activate background knowledge as well as from listening and reading tasks. Vocabulary lists are shown at the bottom of the page to help learners understand necessary vocabulary to engage in the task, even without sufficient linguistic knowledge about the theme.

3) Main Task

The primary task for each lesson is called Main Task. In *Intermediate 1*, these tasks are divided into five types: "Listening," "Reading," "Speaking," "Writing" and "Interaction." Some tasks are difficult and time consuming; however, learners should be able to complete them by working together with teachers and peers while going through several steps.

4) Sentence Patterns and Expressions

While Pre-Task and Main Task focus mainly on learning content and meaning, the Sentence Patterns and Expressions pages bring learners' attention to the language forms that have come up in Pre-Task and Main Task. These are primarily items that are essential for understanding the content of the theme of the lesson, or which are considered useful to learners at the B1 level.

5) Post-Task

Post-Task is where learners look back on what they learned in Main Task from a different angle. Post-Task in *Intermediate 1* involves creative and developmental activities such as summarizing their own experiences or thoughts, explaining plans that they have thought of, and giving presentations on what they have researched, while paying attention to language forms.

6) Kanji Words

Kanji Words consists of vocabulary related to each lesson's theme and written in kanji, which the learners of B1 level should know. There are 18 kanji words per lesson, amounting to 126 in total. Kana readings are not provided for the 18 kanji words in this section. The intention is to confirm whether learners can read words that they have seen and used in the lesson when they are written in kanji only. Learners will then interact with each other using written questions relating to the theme of the lesson. This will enable learners to engage in comprehensive practice by first reading the kanji, understanding their meaning, then listening to and saying them. Learners will also be able to get a true sense of the extent to which they themselves have acquired the ability to talk about the theme.

7) Self-reflection

Learners reflect on how well they can complete the tasks in the lesson. For items which they have not mastered, they themselves consider what they should do next and also receive advice from teachers. They also reflect on what insights they have gained and what they thought about the theme of each lesson, and describe them in Japanese.

B. Project

Learners each select one of the themes of *Intermediate 1* that is of particular interest to them, and conduct interviews on the theme in Japanese. They then give a presentation summarizing the information they have obtained in the interview, and write a report. In this process, learners improve their academic Japanese skills by carrying out an interview, creating slides, giving a presentation, and writing a report using a basic format of around 1,000 characters in length.

3. Study Process

The study process is designed to enable learners to achieve B1 level tasks without undue difficulty by studying the lessons in order from Lesson 1. At the same time, each lesson is designed as a standalone unit; thus, learners can choose and learn a particular lesson featuring a theme they are interested in or a task they wish to try. Learners can also work through the project in parallel with each lesson. There are also Kanji Words practice sheets and Sentence Patterns and Expressions practice sheets that learners can challenge themselves with after classes.

ICU Example (1 day/70 minutes × 2 slots; 4 days of classes/week)

	Day 1	Day 2	Day 3	Day 4
Class (70 minutes × 2 slots)	Quiz on previous lesson Introduction of Kanji Words Pre-Task	Main Task	Sentence Patterns and Expressions	Post-Task Kanji Words Self-reflection
Assignment	Kanji Words practice sheet	Main Task	Sentence Patterns and Expressions practice sheet	Self-reflection

4. Explanation of Grammar Notation

N	Noun	V	Verb
AN な	na-adjective	V る	Verb dictionary form
AN	na-adjective with "na" removed	V た	ta-form of verb
A い	i-adjective	V て	te-form of verb
A ~~い~~	i-adjective with "i" removed	V ます	masu form of verb with "masu" removed
N する	Noun + suru	V ない	nai-form of verb
WH	Interrogative	V ~~ない~~	nai-form of verb with "nai" removed
S	Sentence	V ば	Verb conditional form
S(p)	Sentence ending in plain form. When two sentences need to be shown, the following notation is used: 　　S1(p), S2(p)	V よう	Verb volitional form
		V（ら）れる	Verb passive form
		V(p)	Verb plain form
		V(affirmative)	Verb affirmative form

In this textbook, verbs are classified as u-verbs, ru-verbs and irregular verbs.

u-verbs: The dictionary form of these verbs ends in "u," as in "kaku (書く)" or "oyogu (泳ぐ)."

　　　　These verbs are also known as Group I verbs or *godan* verbs.

ru-verbs: The dictionary form of these verbs ends in "iru" or "eru," as in "miru (見る)" or "taberu (食べる)."*

　　　　These verbs are also known as Group II verbs or *ichidan* verbs.

Irregular verbs: These are "suru (する)," "N-suru (N する)" and "kuru (来る)."

　　　　These verbs are known as Group III verbs.

*Please note that some verbs ending in "iru" or "eru," such as "hairu (入る)" and "kaeru (帰る)," are u-verbs.

5. Supplementary Study Materials

The following supplementary materials can be found at:

https://www.3anet.co.jp/np/books/4040/

1. Kanji Words practice sheets
2. Sentence Patterns and Expressions practice sheets
3. Model formats for slides (used in Lesson 4 and Lesson 7)
4. Listening scripts and audio files

習<ruby>い<rt>なら</rt></ruby>事<ruby>は役に立つ？<rt>ごと</rt></ruby>

<ruby>子<rt>こ</rt></ruby>どもの<ruby>時<rt>とき</rt></ruby>、<ruby>何<rt>なに</rt></ruby>か<ruby>習<rt>なら</rt></ruby>い<ruby>事<rt>ごと</rt></ruby>をしていましたか。

<ruby>習<rt>なら</rt></ruby>い<ruby>事<rt>ごと</rt></ruby>は<ruby>何<rt>なん</rt></ruby>のためにするのでしょうか。

<ruby>子<rt>こ</rt></ruby>どもと<ruby>大人<rt>おとな</rt></ruby>、それぞれの<ruby>気持<rt>きも</rt></ruby>ちになって、<ruby>習<rt>なら</rt></ruby>い<ruby>事<rt>ごと</rt></ruby>について<ruby>考<rt>かんが</rt></ruby>えてみましょう。

プレタスク	<ruby>知<rt>し</rt></ruby>っていることを<ruby>話<rt>はな</rt></ruby>す <ruby>インタビューを聞<rt>き</rt></ruby>く
メインタスク	<ruby>経験<rt>けいけん</rt></ruby>について<ruby>詳<rt>くわ</rt></ruby>しく<ruby>話<rt>はな</rt></ruby>す
ポストタスク	<ruby>経験<rt>けいけん</rt></ruby>について<ruby>発表<rt>はっぴょう</rt></ruby>する

プレタスク

I. 話しましょう

【日本で人気がある子どもの習い事】

┌─── スポーツ ───┐
スイミング　サッカー

テニス　ダンス

体操

┌─── 芸術 ───┐
音楽（ピアノ、歌など）

絵　バレエ

┌─── 教室学習 ───┐
英語・英会話　　習字　　そろばん

1) あなたの育った地域で人気がある習い事は何でしたか。

【習い事にかかる費用】

┌─── スイミング ───┐
月謝：8,000 〜 10,000 円
入会金：10,000 円

┌─── ピアノ ───┐
月謝：7,000 〜 9,000 円
入会金：10,000 円

┌─── 習字 ───┐
月謝：4,000 〜 6,000 円
入会金：0 円

┌─── 英語・英会話 ───┐
月謝：7,000 〜 10,000 円
入会金：10,000 円

2) 日本の習い事の費用は高いと思いますか。

┌───┐
体操：gymnastics　芸術：the arts　習字：calligraphy　そろばん：abacus

費用：cost　月謝：monthly fee　入会金：sign-up fee
└───┘

2

【習い事と塾】

「習い事」は、英語の after-school activities, activities outside of school とだいたい同じ意味です。スポーツ活動、芸術活動、教室学習など、いろいろな種類がありますが、学校の勉強や受験のための「塾」は、習い事とは違うと考えられています。

ある調査によると、小学校4年生くらいから、それまでやっていたいろいろな習い事をやめて、塾に通い始める子どもが多いそうです。

3) 子どものころ、習い事をしていましたか。

4) 子どものころ、塾に通っていましたか。何歳から通いましたか。

5) 子どものころ、自分の習い事や塾の費用について考えたことがありましたか。

2. 聞きましょう 🔊 1 🔊 2

子どものころの習い事について、大学生にインタビューしています。聞いてわかったことをメモしましょう。

1) どんな質問がありましたか。

2) どんな答えでしたか。

水田さん
🔊 1

大橋さん
🔊 2

活動：activity　種類：variety　受験：taking an entrance exam

塾に通う：to go to cram school　調査：survey　子どものころ：in one's childhood

3

メインタスク

1. 話しましょう

子どものころの習い事を思い出して、次のような図をかいてみましょう。（習い事をしていなかった人は、学校の活動やボランティア活動について、かいてみましょう。）

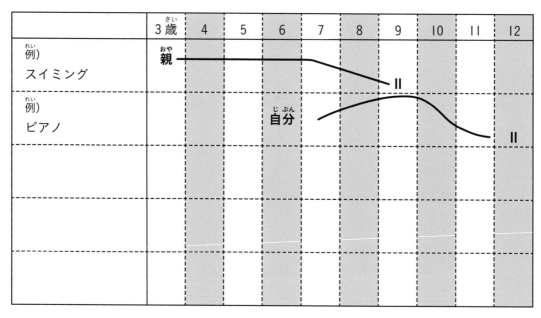

	3歳	4	5	6	7	8	9	10	11	12
例)スイミング	親						Ⅱ			
例)ピアノ			自分							Ⅱ

親・自分：誰が決めたか　　　————：気持ち　　Ⅱ：やめた

1) その習い事をすることは、誰が決めましたか。

【自分で選びました】　　　　　　【他の人が決めました】

> 自分から「やってみたい」と言って習わせてもらいました。

> 将来の役に立つと考えて、習わせてくれました。

> あまり興味がなかったのに、無理に習わされました。

2) 先生やコーチはどんな人でしたか。

> よくほめてくれました。

> 熱心に教えてくれました。

> とても厳しかったです。

3) どうしてやめましたか。

> 他のことが忙しくなったからです。

> 練習が面倒になったからです。

> 友達がやめてしまったからです。

2. 話しましょう

1) 子どものころの習い事について、お互いに質問しましょう。

Q1 子どものころ、どんな習い事をしていましたか。

Q2 それぞれの習い事について教えてください。
何歳の時に始めましたか。誰がそれを習うことを決めましたか。

Q3 習い事の中で、一番好きだったのは何ですか。どうして好きでしたか。

Q4 嫌だったものがありますか。どうして嫌でしたか。

Q5 習ってよかったと思うのはどの習い事ですか。どんなことが役に立っていますか。

Q6 頑張って続ければよかったと思う習い事がありますか。

Q7 習い事を通して、どんなことを学びましたか。

Q8 子どもに何を習わせたらいいと思いますか。どうしてそう思いますか。

2) 1)で話したことをもとに、自分の習い事の経験について2分くらいで話してみましょう。

文型・表現

1) Nについて　　about N

◆ N is the subject of verbal and cognitive activities such as 話す, 調べる, and 考える.

a. 今日は、私の習い事の経験について話します。

b. 大学生がよく使っているアプリについて調べてみるつもりだ。

c. この問題について、何か意見がある人はいますか。

2) S(p)＋のはNだ　　it is N that S

◆ This expression is used when the speaker introduces N as new information to the listener and showing the topic in S(p).

AN な／N な＋のはN だ

a. 医者「先週の火曜日くらいから頭が痛くなって、木曜日に熱が出たんですね。」
　　患者「違います。熱が出たのは水曜日です。」

b. 期末試験が終わったら、夏休みですね。最後の試験が終わるのは、いつですか。

c. あの店では、いろいろな種類のケーキを売っている。その中で私が一番好きなのはチーズケーキだ。

3) 使役受身形　【The causative-passive form】　be forced to do; be compelled to do

◆ The causative-passive form is used to describe an action that someone is forced to do against his/her will.

a. 私は子どものころ、毎日3時間ピアノを練習させられた。

b. 中学生の時、サッカー部の練習で毎日走らされて大変だった。

c. 野菜が嫌いだったが、健康のために親に食べさせられた。

ru-verbs	Drop る and add させられる			
	見る	見させられる	食べる	食べさせられる
u-verbs	V ない＋される（せられる）※ As for u-verbs that end with す, drop the final す and add させられる.			
	習う	習わされる（習わせられる）	行く	行かされる（行かせられる）
	泳ぐ	泳がされる（泳がせられる）	話す※	話させられる
	飲む	飲まされる（飲ませられる）	走る	走らされる（走らせられる）
Irr.verbs	来る	来させられる	する	させられる

4) S(p)＋おかげで　　thanks to; owing to

◆ おかげで expresses a cause for a desirable result while showing the speaker's appreciation.

AN な／N の＋おかげで

a. 両親は仕事でいつも家にいなかったが、犬がいたおかげで、寂しくなかった。

b. 友達が手伝ってくれたおかげで、部屋の掃除が早く終わった。

c. コーチのアドバイスのおかげで、泳ぐのが上手になった。

5) V ます＋なさい　【imperative】

◆ V なさい expresses a command or instruction, often used by parents to their children.

It is also used in instructions in exams.

a. 「何時まで起きてるの？ 早く寝なさい！」

b. ピアノを弾くのは楽しかったが、親に毎日「練習しなさい」と言われて嫌になった。

c. （テストの問題文）次の漢字の読み方を書きなさい。

6) N にとって　　from the standpoint of N; so far as N is concerned

◆ N にとって expresses N's point of view. In the construction N にとって X は Y だ, Y is N's

evaluation or judgement for X. The words such as 大切だ, 難しい, 特別だ, and 忘れられ

ない, etc. are often used in the position of Y.

＊ NOTE: In the construction N にとって X は Y だ, the words such as 好きだ, 嫌いだ,

　　　　と思う, etc. are not used in the position of Y.

× 私の友達にとって納豆が嫌いです。 → ○ 私の友達は納豆が嫌いです。

× 私にとって、学生はアルバイトをした方がいいと思います。

　→ ○ 私の意見では、学生はアルバイトをした方がいいと思います。

○ （私は）学生にとってアルバイトは大切だと思います。

a. 私にとって寝る時間は一番大切だ。

b. 中国語ができる人にとって漢字を書くのは難しくない。

c. 日本人にとって桜は特別な花だ。

文型
・
表現

7)　V ば＋よかった　I wish I had (not) V-ed; I should (not) have V-ed

◆　V ばよかった indicates the speaker's regret.

a.　学校から駅まで近いと思ったので歩いたが、思ったよりも遠かった。バスに<u>乗れば</u>
<u>よかった</u>。

b.　メッセージを送ったあとで、間違いがたくさんあったのに気がついた。急いで<u>送ら</u>
<u>なければよかった</u>。

c.　今日のクラスの発表はうまくいかなかった。もっと<u>準備しておけばよかった</u>。

8)　N ／ V ること＋を通して、N ／ V ること＋を通じて　　through N/Ving

◆　N ／ V ることを通して／通じて indicates a means for gaining knowledge or experience.
Verbs such as 知る, 学ぶ, 理解する, 知り合う often follows.

＊ NOTE: Usually N is used rather than N すること before 通して／通じて.
　　　　　e.g. 勉強を通して is used instead of 勉強することを通して

a.　<u>留学の経験を通して</u>、日本のことがもっとわかるようになった。

b.　レポートを<u>書くことを通して</u>、日本語の書き言葉を学ぶ。

c.　彼とは<u>大学のサークルを通じて</u>知り合った。

ポストタスク

1. 書きましょう

メインタスクで話したことをもとに、習い事の経験について書いてみましょう。

私は子どものころ、…。

好きだったのは、…。

嫌だったのは、…。

子どものころを振り返って、やってよかったと思う習い事は、…。

頑張って続ければよかったと思うのは、…。

習い事の経験を通して、…。

もし、自分に子どもがいたら、…。

2. 発表しましょう

1で書いたことをもとに、習い事の経験について発表しましょう。

【始めのあいさつ】

> 今日は、〜についてお話しします。／
> 発表します。

【終わりのあいさつ】

> これで、私の発表を終わります。／
> 以上です。

私は子どものころ、スイミング、ピアノ、サッカーを習っていました。まず、3歳からスイミングを習いました。これは親が決めました。そして、6歳からピアノを習いました。これは自分でやりたいと言いました。それから、9歳からサッカーを習いました。これも自分でやりたいと言って、習わせてもらいました。

好きだったのは、サッカーです。毎週土曜日に、練習や試合がありました。コーチは教え方が上手で、いつもほめてくれました。だから、友達と一緒によく練習しました。嫌だったのは、ピアノです。はじめは楽しかったのですが、親が毎日「練習しなさい」と言うので、だんだん嫌になって、やめてしまいました。

子どものころを振り返って、やってよかったと思う習い事は、スイミングです。スイミングを習ったおかげで、あまり風邪をひかなくなりました。頑張って続ければよかったと思うのは、ピアノです。ピアノが弾けたら、もっと音楽を楽しむことができたと思うからです。ちょっと後悔しています。

私はサッカーを通して、チームメイトと協力することを学びました。もし、自分に子どもがいたら、何かスポーツを習わせたいです。でも、一番いいのは子どもが自分で選ぶことだと思います。親がいいと思った習い事でも、子どもにとって嫌なことかもしれません。子どもが習いたくないと言ったら、無理にさせない方がいいと思います。

漢字の言葉

1. 次の言葉がわかるか確認してみましょう。

---

①絵　②地域　③費用　④活動　⑤種類

⑥通う　⑦親　⑧決める　⑨選ぶ

⑩役に立つ　⑪興味　⑫無理に　⑬熱心に

⑭練習　⑮友達　⑯続ける　⑰経験　⑱発表

---

2. 次の文を読んで、お互いに質問しましょう。

Q1　あなたの育った地域では、習い事をする子どもは多いですか。

Q2　費用が高いのは、どんな種類の習い事ですか。

Q3　子どもの時、塾に通っていましたか。友達はどうでしたか。

Q4　無理にさせられた習い事がありましたか。その習い事をしてよかったと思いますか。

Q5　今、習い事をするなら、どんなことを習いたいですか。それは長く続けられますか。

Q6　習い事を選ぶ時、どんなことを考えて決めますか。（例：役に立つかどうか、どんな先生が教えるか）

Q7　どんな習い事でも熱心に練習したら、必ず上手になると思いますか。

Q8　ボランティア活動の経験がありますか。

Q9　（Q8の答えが「はい」の人）どんな活動ですか。

Q10　（Q8の答えが「いいえ」の人）興味があるボランティア活動はありますか。

I. この課を終えて、今、次のことがどのくらいできるか考えてみましょう。

At the end of the lesson, look back to see if you can do the following, and circle the appropriate face mark.

			よくできる	できる	もう一息
日本語	人気がある習い事について話す Talk about popular after-school activities.	プレタスク	😊	🙂	😐
	習い事についてのインタビューを聞き、要点を理解する Listen to interviews about after-school activities and understand the main points.	プレタスク	😊	🙂	😐
	習い事の経験について詳しく話す Talk in detail about your experience with lessons you took as a child.	メインタスク	😊	🙂	😐
	習い事の経験について発表する Give a presentation to describe your experience with lessons you took as a child.	ポストタスク	😊	🙂	😐
	テーマに関する言葉や表現を使う Use vocabulary and expressions on a theme.		😊	🙂	😐
考え方	自分の経験を振り返り、さまざまな視点で考える Look back on your experiences from a variety of perspectives.		😊	🙂	😐

2. この課を通して、どんなことに気がついたり、考えたりしましたか。

What have you found out and thought about the topic through this lesson?

第2課 漢字・ひらがな・カタカナ、どれで書く？

日本語を書く時、「漢字」「ひらがな」「カタカナ」を使います。
使う文字によって、どんな違いがあるでしょうか。
それぞれの役割について考えてみましょう。

プレタスク	知っていることを話す
メインタスク	説明文を読む
ポストタスク	調べたことを紹介する

話<small>はな</small>しましょう

1) 世界<small>せかい</small>には、どんな文字<small>もじ</small>がありますか。どのように書<small>か</small>きますか。

2) ひらがな・カタカナ・漢字<small>かんじ</small>は、どんな時<small>とき</small>に使<small>つか</small>われると思<small>おも</small>いますか。次<small>つぎ</small>の文<small>ぶん</small>を見<small>み</small>て 考<small>かんが</small>えてみましょう。

　　・私<small>わたし</small>は毎日<small>まいにち</small>テレビを見<small>み</small>ます。

　　・新<small>あたら</small>しいレストランは、とても広<small>ひろ</small>いです。

　　・来年<small>らいねん</small>は日本<small>にほん</small>へ留学<small>りゅうがく</small>したいです。

3) 次<small>つぎ</small>の言葉<small>ことば</small>は、いろいろな漢字<small>かんじ</small>で書<small>か</small>くことができます。どんな漢字<small>かんじ</small>がありますか。 どんな意味<small>いみ</small>ですか。

言葉<small>ことば</small>	漢字<small>かんじ</small>
例<small>れい</small>) き	木、気、黄
はな	
かぜ	
かみ	
はやい	
あつい	
あたたかい	
たつ	

4) 次<small>つぎ</small>の文<small>ぶん</small>を、漢字<small>かんじ</small>やカタカナを使<small>つか</small>って書<small>か</small>き直<small>なお</small>してみましょう。

　① ははははいしゃだ。

　② おかねはいらない。

　③ あついひにあついこーひーをのむ。

読みましょう

日本の文字について説明している文章を読んでみましょう。

日本の文字の歴史と役割

　日本語の文字には、「漢字」「ひらがな」「カタカナ」がある。文字がなかった日本に中国から漢字が伝えられたのは、3世紀ごろだと言われている。

　奈良時代（710 ～ 794 年）ごろまでは、漢字だけを使って日本語を書き表していたが、平安時代（794 ～ 1185 年）に、漢字からひらがなとカタカナが作られた。ひらがなは漢字を速く書いた時の形から、カタカナは漢字の一部分からできている。ひらがなを使ったのは主に女性で、物語や日記を書くために用いた。カタカナは、主に男性が中国語で書かれた文章に日本語の助詞などを書き入れる目的で用いた。

漢字から作られた「ひらがな」と「カタカナ」の例		
「あ」　安⇒あ	「い」　以⇒い	「た」　太⇒た
「エ」　江⇒エ	「カ」　加⇒カ	「ヒ」　比⇒ヒ

　現代の日本語は、漢字とひらがなとカタカナで書き表すのが普通だ。名詞、動詞などは主に漢字で、助詞、「とても、いつも」のような副詞、送りがなはひらがなで書く。カタカナは、外来語や、外国の場所や人の名前、動物や植物の名前などを書き表す時に使われる。また、普通は漢字やひらがなで書く言葉を特別に強調したい場合に使われることもある。

　以上のように、漢字、ひらがな、カタカナには、それぞれの歴史と役割がある。漢字とひらがなとカタカナで書かれた文章は、全部ひらがなで書かれた文章より読みやすい。それは、言葉の区切りがわかりやすくなるからだ。そして、漢字を使うことによって、同じ音の言葉でも意味の違いがすぐにわかる。三種類の文字を覚えるのは大変かもしれないが、どれも必要なのである。

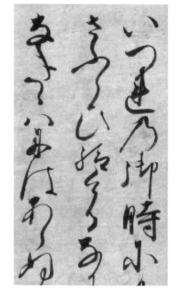

ひらがなが<ruby>使<rt>つか</rt></ruby>われている<ruby>文章<rt>ぶんしょう</rt></ruby>
(『<ruby>源氏物語<rt>げんじものがたり</rt></ruby>』11<ruby>世紀<rt>せいき</rt></ruby>)

カタカナが<ruby>使<rt>つか</rt></ruby>われている<ruby>文章<rt>ぶんしょう</rt></ruby>
(『<ruby>菅家文草<rt>かんけぶんそう</rt></ruby>』10<ruby>世紀<rt>せいき</rt></ruby>)

・国文学研究資料館所蔵
・クリエイティブ・コモンズ 表示 4.0 ライセンス CC BY-SA (https://creativecommons.org/licenses/by-sa/4.0/deed.ja)

1) 下のメモは、この文章の内容をまとめたものです。_____に言葉を書き入れ
ましょう。

文字の歴史
- 漢字：_____世紀ごろに中国から伝えられた。
- 奈良時代（710-794）：_____だけを使っていた。
- 平安時代（794-1185）：_____から_____と_____が作られた。
- ひらがな：女性が_____ために使った。
- カタカナ：_____が_____の文章に助詞などを書き入れるために使った。

文字の役割
- 漢字で書くもの：名詞、_____。
- ひらがなで書くもの：助詞、「とても、いつも」のような_____、_____。
- カタカナで書くもの：_____、_____、
_____など。
- _____だけの文章より、_____で書いた
文章の方がわかりやすい。

---

2) この文章を読んでわかったことを書きましょう。
① 漢字が日本に伝えられたのはいつごろか。

② ひらがなとカタカナは、どのように作られたか。

③ ひらがなとカタカナは、それぞれ誰が、何のために使ったか。

④ 現代の日本語では、漢字、ひらがな、カタカナは、どのように使われているか。

⑤ 漢字を使うことのいい点は何か。2つ書きなさい。

メイン
タスク

文型・表現

1) S(p) ＋と言われている   it is said

S(p) ＋と考えられている   it is considered that

a. 漢字は 3 世紀ごろ中国から伝えられたと言われている。
b. 日本では、4 は良くない数字だと考えられている。
c. 早起きは体に良いと考えられているが、本当だろうか。

2) N のように   like N

| N1 のような N2　(N2 such as N1) |

◆ This structure is used to give N as example(s).

a. 私は、山本先生のように、学生の気持ちがよくわかる先生になりたい。
b. レモンやオレンジのようなすっぱい果物はビタミン C が多いと言われている。

(すっぱい：sour)

3) V(る、ない)＋ことがある   sometimes V

a. 彼は、時々授業を休むことがある。
b. A さん「いつもどうやって駅まで行きますか。」

　　B さん「だいたいバスで行きますが、時々、歩いて行くこともあります。」
c. 忙しすぎて、すぐにメールの返事ができないこともある。

4) V ます＋やすい、V ます＋にくい   easy/difficult to do

◆ V やすい／にくい indicates the easiness/difficulty of doing something. The verb can be either transitive or intransitive.

a. A さん「この本、難しいですか。」

　　B さん「いえ、説明が詳しいので、わかりやすいですよ。」
b. あの店のハンバーガーを食べてみたが、大きすぎて食べにくかった。

5)　V(p)＋ことによって　by V-ing

◆　ことによって indicates the cause or means.

a.　日本のアニメを<u>見ることによって</u>、新しい言葉をたくさん覚えることができた。

b.　ガンジーの伝記を<u>読んだことによって</u>、私の考え方は変わった。

c.　たばこを<u>吸うことによって</u>、将来、病気になる可能性が高くなるそうだ。

（ガンジー：Mahatma Gandhi　伝記：biography）

6)　S(p)＋ところ、S(p)＋点　aspect; part; point

◆　ところ／点, accompanying a modifier, indicates a specific aspect of properties or personalities. 点 gives a more formal impression than ところ.

> **AN な／N である＋ところ、点**

a.　A さん「彼女の<u>どんなところ</u>が好きになったんですか。」

　　B さん「そうですね。<u>絶対にあきらめないところ</u>かな。」

b.　今住んでいるアパートは、<u>部屋が広くて静かなところ</u>が気に入っている。

c.　この会社の特徴は、<u>社員が全員大学生である点</u>だ。

d.　今日の発表の良かった点は、<u>スライドがきれいでわかりやすかったところ</u>だ。

（絶対に：absolutely　特徴：features）

7)　日本語のスタイル

In Japanese, the style changes depending on the scene, the person you are talking to, and the purpose as follows.

普通体　The plain style

1.　The plain style is often used in writing such as newspaper articles, magazines, website news. It is also used in academic settings, such as writing reports/thesis, making slides for presentations, etc.

2.　The plain style is used when talking or writing casually to close persons such as family members and friends, etc.

です・ます体 <small>たい</small>　The desu/masu style

The desu/masu style is used to communicate with people you are meeting for the first time, are unfamiliar with, superiors, etc. It is also used at work, in public, or in academic settings when making a speech or presentation.

	です・ます体 <small>たい</small>	普通体 <small>ふつうたい</small>
N	学生です 学生ではありません 学生でした 学生ではありませんでした	学生だ 学生ではない 学生だった 学生ではなかった
AN な	静かです 静かではありません 静かでした 静かではありませんでした	静かだ 静かではない 静かだった 静かではなかった
A い	大きいです 大きくありません／ないです 大きかったです 大きくありませんでした／なかったです	大きい 大きくない 大きかった 大きくなかった
V	行きます 行きません 行きました 行きませんでした	行く 行かない 行った 行かなかった
その他 <small>ほか</small>	・〜のです ・〜でしょう ・Vましょう	・〜のだ ・〜だろう ・Vう／よう

Note: In casual speaking style,「〜じゃない」is used instead of「〜ではありません」「〜ではない」. Also,「〜んだ」is used instead of「〜のです」「〜のだ」.

ポストタスク

1. 話しましょう

同じ言葉でも、いろいろな表記があります。どのように使い分けていると思います

か。

ねこ　猫　ネコ

かわいい
可愛い
カワイイ

広島　ヒロシマ

2. 調べて紹介しましょう

漢字・ひらがな・カタカナの使い分けについて、インターネットで調べて紹介しま

しょう。

1)　いろいろな表記が使われている言葉の例をインターネットで探しましょう。

　　例：「コーヒー」の看板。カタカナの時もあるし、漢字の時もあります。

2)　その表記を使っている理由や、使い分けの理由を考えましょう。

3)　見つけた例を紹介しましょう。

ポスト
タスク

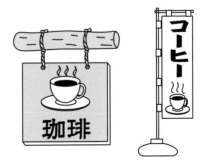

漢字の言葉

1. 次の言葉がわかるか確認してみましょう。

①漢字　②言葉　③意味　④説明　⑤文章

⑥歴史　⑦役割　⑧世紀　⑨主に　⑩現代

⑪普通　⑫植物　⑬強調　⑭場合　⑮違い

⑯覚える　⑰必要　⑱表記

2. 次の文を読んで、お互いに質問しましょう。

Q1　あなたがよく知っている言語の表記について教えてください。主に、どんな文字を使いますか。

Q2　日本語の文字の歴史を簡単に説明してください。

Q3　漢字は、何世紀に日本に伝えられましたか。

Q4　ひらがなとカタカナの違いは何ですか。それぞれ、どんな役割がありますか。

Q5　植物の日本語の名前を知っていますか。漢字、カタカナ、ひらがなのどれを使って書きますか。

Q6　現代の日本語に、漢字は必要だと思いますか。

Q7　知らない漢字があった時、その意味をどうやって調べますか。

Q8　新しい言葉や漢字をどうやって覚えますか。

Q9　文の中の言葉を強調したい場合、どんな方法を使いますか。(例：文字の色を変える、フォントを変えるなど)

Q10　文章を書くことと読むことでは、どちらの方が好きですか。

振り返り

I. この課を終えて、今、次のことがどのくらいできるか考えてみましょう。

At the end of the lesson, look back to see if you can do the following, and circle the appropriate face mark.

				よくできる	できる	もう一息
日本語	日本語の文字について話す Talk about Japanese characters.	プレタスク		☺	☺	😐
	日本語の文字について説明した文章を読み、内容を理解する Read and understand a text related to Japanese characters.	メインタスク		☺	☺	😐
	日本語の文字の使い分けの例を探して紹介する Find and present examples of using different Japanese characters depending on the purpose.	ポストタスク		☺	☺	😐
	テーマに関する言葉や表現を使う Use vocabulary and expressions on a theme.			☺	☺	😐
考え方	日本語の文字の歴史と役割、使い分けについて知る Understand the history, role, and proper use of Japanese characters.			☺	☺	😐

2. この課を通して、どんなことに気がついたり、考えたりしましたか。

What have you found out and thought about the topic through this lesson?

3課 昔話の世界を知ろう

子どものころ、どんな昔話を読みましたか。
昔話には、どんな特徴があると思いますか。
昔話の特徴を知って、自分でも書いてみましょう。

プレタスク
知っていることを話す
昔話の動画を見る
昔話を読む

メインタスク
昔話の新しい結末を書く

ポストタスク
自分が考えた結末を紹介する
意見を言う

1. 話しましょう

1) 子どものころ、昔話や物語を読みましたか。どこで読みましたか。

2) 好きな昔話について簡単に紹介してください。

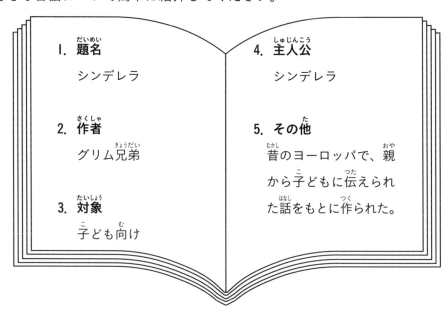

1. 題名

　シンデレラ

2. 作者

　グリム兄弟

3. 対象

　子ども向け

4. 主人公

　シンデレラ

5. その他

　昔のヨーロッパで、親から子どもに伝えられた話をもとに作られた。

2. 見ましょう

「浦島太郎」の動画をインターネットで探して見てみましょう。見ながら、話の流れをメモしましょう。

浦島太郎

おとひめ様

竜宮城

玉手箱

題名：title　対象：supposed reader　〜向け：intended for　主人公：main character

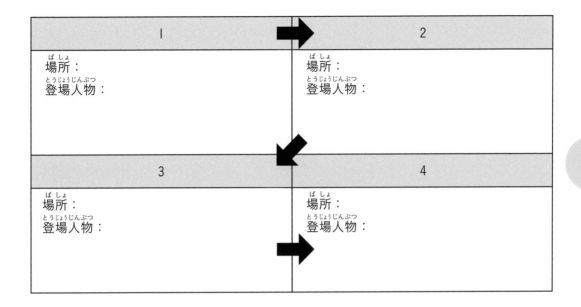

1	➡	2	

場所：
登場人物：

場所：
登場人物：

3	4

場所：
登場人物：

場所：
登場人物：

3. 読みましょう

1) 次のページの「浦島太郎」を読み、4つの場面に分けましょう。

1	浦島太郎が住む世界（始まり）	第1段落
2	竜宮城へ行く	
3	竜宮城で暮らす	
4	元の世界に帰る（結末）	

プレ
タスク

2) 質問に答えましょう。
　① 浦島太郎は、海辺で何を見ましたか。
　② かめは、助けてもらったお礼に何をしましたか。
　③ 竜宮城はどんなところでしたか。
　④ 浦島太郎は、どうして家へ帰ろうと思いましたか。
　⑤ 竜宮城から帰った浦島太郎は、どうして心細くなったのでしょうか。

- -
登場人物：characters　場面：scene　段落：paragraph　暮らす：to live
結末：ending　海辺：seaside　心細い：lonely
- -

浦島太郎

昔々、ある村に、浦島太郎という若い男の人がいました。ある日、浦島太郎は、子どもたちが海辺で小さなかめをいじめているのを見ました。「こらこら、小さな動物をいじめてはいけないよ。」そう言って、浦島太郎は、子どもたちからかめを買い取りました。そして、海に逃がしてやりました。

何日かたって、浦島太郎がつりをしていると、あの時のかめがやって来て言いました。「先日は助けてくださってありがとうございました。お礼に、竜宮城へご案内しましょう。」かめは浦島太郎を背中に乗せ、竜宮城へ連れて行きました。

竜宮城では、おとひめ様や魚たちが大喜びで迎えてくれました。そこは、夢のように美しいところでした。毎日宴会が開かれ、浦島太郎は珍しいごちそうを食べたり、歌や踊りを楽しんだりして、時間を忘れてしまいました。

そうして毎日楽しく暮らしていましたが、だんだん家が恋しくなりました。「そろそろ家へ帰ろうと思います。」と浦島太郎が言うと、おとひめ様は、玉手箱をくれました。「これは、私からのお土産です。でも、この箱は決して開けてはいけませんよ。」

浦島太郎は、またかめの背中に乗って、村に帰りました。ところが、帰ってみると、何かが違います。自分の家がないし、道で会う人も、知らない人ばかりです。心細くなった浦島太郎は、玉手箱のふたを取りました。開けてはならないというおとひめ様の言葉を忘れてしまったのです。すると、中から白い煙がモクモクと出てきました。浦島太郎は、おじいさんになってしまいました。

いじめる：to tease　　逃がす：to set free　　お礼：reward　　宴会：banquet

恋しい：to miss　　決して～ない：never　　煙：smoke

メインタスク

1. 話しましょう

1)「浦島太郎」の結末について話しましょう。浦島太郎がかわいそうだと思いますか。それとも、しかたがないと思いますか。理由も説明しましょう。

> 私は浦島太郎がかわいそうだと思います。
> なぜかと言うと、いいことをしたのに、
> おじいさんになってしまったからです。

2)「浦島太郎」という昔話のメッセージや教訓は、何だと思いますか。

> 約束は絶対に守るべきです。

2. 書きましょう

「浦島太郎」には、いろいろなバージョンがあり、結末も同じではありません。浦島太郎の新しい結末を自由に考えて、最後の段落を書きましょう。

1	始まり	
2	竜宮城へ行く	
3	竜宮城で暮らす	
4	新しい結末	浦島太郎は、またかめの背中に乗って、村に帰りました。…

文型・表現

1) N 向けだ   intended for N

◆ N indicates the target of something.

> N 向けに V (V for N)、N1 向けの N2 (N2 designed for N1)

a. このテレビ番組は子ども向けだ。
b. この本は、小学生向けにやさしく書かれている。
c. 空港には外国人向けのお土産の店がたくさんある。

2) N をもとに(して)   based on N

a. 先生のアドバイスをもとに留学先を決めた。
b. この映画は、本当にあった話をもとにして作られた。

3) N1 という N2   N2 called N1

◆ This expression is used when N1 is not familiar to the listener (and maybe to the speaker as well). The speaker introduces N1 as a specific item belonging to the category of N2, which is more familiar to the listener.

a. 「さくやん」というラーメン屋は、学生に人気がある。
b. 「東京に高尾山という山があるんですが、ご存じですか。」

4) V(p) ＋のを見る、聞く   see/hear V-ing

◆ の is used to nominalize sentences that correspond to the object of perceptual verbs, such as 見る and 聞く.

＊ NOTE: In this case, you cannot nominalize the sentence using こと.

a. 「あの人が私のかさを持って行くのを見たんです！」
b. 友達がラーメンを３杯も食べたのを見て驚いた。
c. 友達が上手に中国語を話しているのを聞いて、私も中国語を習いたくなった。

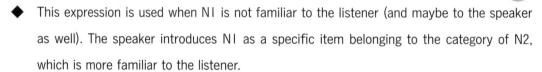

5)　N のようだ　(just) like N

◆　N のようだ shows the speaker's impression of a thing by providing N as a simile.

> **N のように V ／ A ／ AN　(V/A/AN just like N)、N1 のような N2　(N2 just like N1)**

a.　彼女は歌がとても上手で、プロの歌手のようだ。

b.　4月になったのに、今日は冬のように寒い。

c.　先週は、期末試験が3つもあって、まるで地獄のような毎日だった。

（まるで：just/as if　地獄：hell）

3

6)　N ばかりだ　only N

◆　N ばかり means that "there is nothing but N" or "do only the same thing". It is often used to show the speaker's negative view.

> **N ばかり V　(V only N)**

a.　パーティーに来たのは知らない人ばかりだった。つまらないのですぐに帰った。

b.　夏休みは、うちで毎日テレビばかり見ていた。

7)　なぜかと言うと＋ S(p) ＋からだ、なぜなら＋ S(p) ＋からだ　that is because

◆　This pattern provides a reason or a rationale for what has been stated in the preceding sentence.

a.　私は子どもが漫画を読むことに賛成です。なぜかと言うと、漫画を通していろいろなことが学べるからです。

b.　漢字はよく勉強した方がいいと思う。なぜなら、漢字がわからないと新聞が読めないからだ。

【意見を言う時の流れ】

話す時	書く時
私は〜（と思います）。	私は〜（と思う、考える）。
なぜかと言うと、〜からです。	なぜなら、〜からだ。
例えば〜。	例えば〜。
ですから、〜。	以上のことから、〜。

文型
・
表現

8) Ｖる＋べきだ　should; ought to

◆ べきだ is used to show the speaker's opinion, advice or recommendation. Use "Ｖる＋べきではない" not "Ｖない＋べきだ" when indicating "should not do".

a. 若い時に、できるだけたくさんの本を読むべきだ。

b. 暑い日に、外で長い時間運動するべきではない。

（できるだけ：as much as possible）

ポストタスク

1. 話しましょう

「浦島太郎」の新しい結末をお互いに紹介しましょう。聞いた人は、感想を言いましょう。

2. 話しましょう

「ハッピーエンドではない昔話は、子どもに読ませない方がいい」という考えがありますが、どう思いますか。AさんとBさんの意見を読んで、話しましょう。

A さん

私は、人が死んだり、良くない結末になったりする昔話は、子どもに読ませない方がいいと思います。特に、怖すぎる内容の話です。

なぜかと言うと、子どもにとって嫌な経験になるかもしれないからです。

例えば、その怖い話を読んだ時、子どもは泣いてしまうかもしれません。

ですから、私は子どもにはそのような昔話は読ませない方がいいと思います。

B さん

私は、ハッピーエンドではない昔話を子どもに読ませてもいいと思います。

なぜなら、子どもに現実を教えた方がいいと思うからです。

例えば、人は最後に必ず死にます。これは現実です。また、人生は良いことばかりではないし、失敗することもたくさんあります。私たちは、そのことを昔話から学ぶことができます。

ですから、私はハッピーエンドではない昔話を子どもに読ませてもいいと思います。

ポスト
タスク

漢字の言葉

1. 次の言葉がわかるか確認してみましょう。

---

①昔話　②物語　③紹介　④〜様　⑤暮らす

⑥助ける　⑦お礼　⑧忘れる　⑨心細い

⑩案内　⑪夢　⑫美しい　⑬恋しい　⑭約束

⑮感想　⑯意見　⑰現実　⑱失敗

---

2. 次の文を読んで、お互いに質問しましょう。

Q1　浦島太郎は、なぜおとひめ様との約束を守らなかったのだと思いますか。

Q2　浦島太郎のように、時間を忘れて遊んでしまったことがありますか。

Q3　浦島太郎が玉手箱を開けたのは失敗だったと思いますか。

Q4　他の日本の昔話を知っていますか。その話を聞いて、どう思いましたか。
　　感想を教えてください。

Q5　時々、物語より現実の方が面白いことがあります。何か例を知っていますか。

Q6　「夢のように美しい」と思った場所がありますか。紹介してください。

Q7　他の国から来た友達を案内するなら、どこを案内しますか。

Q8　一人で暮らしたら、どんな時に心細くなると思いますか。

Q9　誰かが恋しくなって、泣いたことがありますか。

Q10　友達に助けてもらったら、どんなお礼をしますか。

振り返り

1. この課を終えて、今、次のことがどのくらいできるか考えてみましょう。

At the end of the lesson, look back to see if you can do the following, and circle the appropriate face mark.

				よくできる	できる	もう一息
日本語	子どものころに読んだ昔話について話す Talk about old tales you read as a child.		プレタスク	☺	☺	☺
	「浦島太郎」の動画を見て、話の流れを理解する Watch the "Urashima Taro" video and understand the flow of the story.		プレタスク	☺	☺	☺
	「浦島太郎」を読み、内容を理解する Read and understand the story of "Urashima Taro."		プレタスク	☺	☺	☺
	「浦島太郎」の新しい結末を考えて書く Write a creative new ending to "Urashima Taro."		メインタスク	☺	☺	☺
	自分が考えた「浦島太郎」の結末を紹介する Introduce the ending of "Urashima Taro" that you created.		ポストタスク	☺	☺	☺
	昔話の結末に関して意見を言う Express your opinion on the ending of old tales.		ポストタスク	☺	☺	☺
	テーマに関する言葉や表現を使う Use vocabulary and expressions on a theme.			☺	☺	☺
考え方	昔話の特徴を知る Understand the characteristics of old tales.			☺	☺	☺

2. この課を通して、どんなことに気がついたり、考えたりしましたか。

What have you found out and thought about the topic through this lesson?

第 **4** 課　旅の計画を立ててみよう

旅行が好きですか。
楽しい旅にするには、どんな準備が必要でしょうか。
旅の楽しみ方を、みんなで一緒に考えましょう。

プレタスク	知っていることを話す 情報を探して読み取る

メインタスク	話し合いをして計画を立てる

ポストタスク	計画について説明する 意見を言う

プレタスク

I. 話しましょう

1) 今までで一番楽しかった旅行について、話しましょう。誰と行きましたか。何日くらいの旅行でしたか。

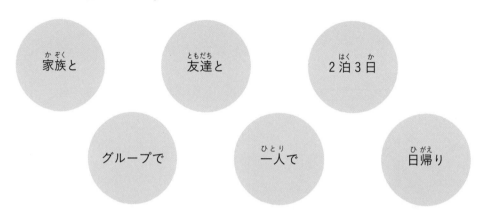

家族と

友達と

2泊3日

グループで

一人で

日帰り

2) 行く前に、どんな準備をしましたか。どんなことを調べましたか。

名物や名所の情報を集める

スケジュールを考える

ツアーに申し込む

気候や服装について調べる

電車やバスの時間を確認する

日帰り：day trip　ツアー：tour　申し込む：to apply　気候：climate　服装：clothes

名物：specialties　名所：famous place　確認する：to confirm

38

2. 話しましょう

あなたが育った地域の気候について紹介してください。2月か8月に旅行するなら、どんな服装がいいですか。また、準備した方がいいものは何ですか。

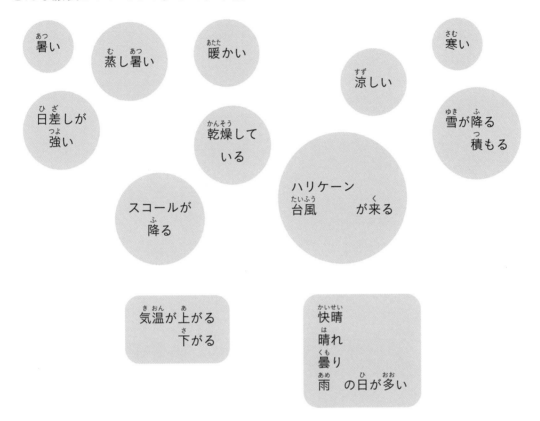

暑い

蒸し暑い

暖かい

寒い

涼しい

日差しが強い

乾燥している

雪が降る　積もる

スコールが降る

ハリケーン　台風　が来る

気温が上がる　下がる

快晴　晴れ　曇り　雨　の日が多い

3. 調べましょう

沖縄といえば、一年を通して暖かい気候、美しい海、伝統的な音楽などが有名です。しかし、楽しみ方は季節によって違います。インターネットで、何月に行くのがいいか調べてみましょう。

調べた結果について話しましょう。

① 何月に行くのがいいと思いますか。その時はどんな気候ですか。

② その時のおすすめのイベントがありますか。

蒸し暑い：hot and humid　快晴：clear weather　乾燥している：dry

日差し：sunlight　雪が積もる：snow piles up　〜によって違う：it depends on 〜

メインタスク

大学のサークルで、3泊4日の旅行に行くことになりました。行き先は自由です。3〜4人のグループに分かれて、旅行の計画（どこへ行って何をするか）を立てましょう。

※後で、自分たちのグループのプランについてプレゼンテーションをします。そして、その中から一番いいものを選びます。みんなに選ばれるようないいプランを考えましょう。

I. 調べましょう

①〜③のどのタイプの旅行がいいですか。インターネットで調べて選びましょう。

① 何かを体験する

例）SL銀河に乗る（岩手県）

例）忍者になる（長野県）

② 自然に触れる

例）富士山を見ながらハイキング（静岡県）

例）四万十川を下る（高知県）

③ 文化や歴史を感じる

例）お寺やお城を訪れる（兵庫県）

例）お祭りを見に行く（宮崎県）

2. 話し合いましょう

1) 同じタイプの旅行を選んだ人で、グループを作ります。そのグループで旅行のプランを考えてください。次の3つの点について話し合いましょう。

① どこへ行くか。

② そこで何ができるか。（2日目と3日目に何をするか。）

③ おすすめの食べ物やイベントは何か。

2日目は、船に乗って島に行くのはどうですか。

いいですね。
楽しそう。

ちょっと確認したいんですが。
ちょうど台風のシーズンですよね。
もし、台風が来て船が出なかったら、どうしますか。

確かに、その心配はありますね。
その場合は、近くに水族館がありますから、そこに行くのはどうでしょうか。

それはいいですね。
じゃあ、皆さん、2日目は、天気が良かったら島に、天気が悪かったら水族館に行くことにしましょう。

メイン
タスク

2) プランができたら、プレゼンテーションの準備をします。プレゼンテーションの

   ためのメモやスライドを作りましょう。（スライドのフォーマットは https://www.3anet.co.

   jp/np/books/4040/ にあります。）

メモの例

・どこへ行くか　岐阜県

・何をするか　　「君の名は。」に出てきた場所に行く。世界遺産を見に行く。

・２日目にすること
　飛騨古川へ行く。
　　　午前：映画「君の名は。」に出てきた場所に行く（聖地巡礼）。
　　　　　　何回も見た映画！　大好き！
　　　　　　実際にその場所に行ったら絶対に感動する!!
　　　午後：飛騨古川の街歩き
　　　　　　→歴史がある美しい街として有名。
　　　　　　→映画に興味がない人も、じゅうぶんに満足できる。

・３日目にすること
　飛騨高山へ行く。
　　　→飛騨古川から近い（電車で20分くらい）。
　　　世界遺産の観光。近くに温泉もある。

・おすすめの食べ物やイベント
　　　五平餅。地元の人のおすすめらしい。おいしそう!!
　　　11月に岐阜市で国際的なイベント（ぎふアジア映画祭）がある。

文型・表現

1) N といえば　when I think of N; speaking of N

◆　N といえば is used when the speaker wishes to present (or explain) what he/she came up with about N.

a.　三鷹みたかといえば、ジブリ美術館びじゅつかんで有名ゆうめいだ。

b.　A さん「今度こんど、北海道ほっかいどうに行いくんだけど、何なにかおすすめの食たべ物ものある？」

　　B さん「北海道ほっかいどうといえば、カニだよ。」

2) S(p) ＋かどうか、WH ＋ S(p) ＋か　【embedded questions】

◆　There are two patterns when a statement includes a question. かどうか follows a yes-no question, whereas か follows a WH-question. どうか in かどうか may be omitted.

| AN ／ N ＋かどうか |
| WH ＋ AN ／ N ＋か |

a.　その車くるまを買かうかどうかまだ決きめていない。

b.　あの人ひとのことが今いまでも好すきかどうか、自分じぶんでもわかりません。

c.　あそこに立たっている人ひとが、この大学だいがくの学生がくせいかどうかわかりますか。

d.　A さん「明日あしたのパーティに誰だれが行いくか知しっていますか。」

　　B さん「いえ、よく知しらないんです。」

e.　どの大学だいがくに入はいるかよりも、何なにを勉強べんきょうするかの方ほうが大切たいせつだ。

3) Aい／ AN ＋そうだ　looks A/AN

◆　Aい／ AN そうだ indicates the speaker's impression based on his/her perceptions. The words that end with ない change to なさそう and those with いい／よい change to よさそう respectively.

＊ NOTE: そうだ cannot be used when it can be judged how it is by looking at.

　　　×　この花はなはきれいそうだ。　○　この花はなはきれいだ。

a.　A さん「この映画えいがは、監督かんとくの子こどもの時ときの体験たいけんをもとに作つくられたんですよ。」

　　B さん「面白おもしろそうですね。ぜひ、見みたいです。」　　　　　（監督かんとく：director）

b.　新あたらしいスマホはいろいろな機能きのうがあって便利べんりそうだが、どれも高たかい。

c.　このグリーンスムージーは、苦にがくて飲のみにくいが、体からだに良よさそうだ。

　　　（グリーンスムージー：green smoothie　体からだに良よい：good for health）

4

4) V（る、ない）＋ことにする　decide to V; decide not to V

◆ ことにする indicates the speaker's decision to do/not to do something.

＊ NOTE: When meaning "decide not to do", the verb before ことにする must be ない

form. V（る）＋ことにしない is ungrammatical.

a. 日本語が上手になりたいので、これからは友達と日本語だけで話すことにする。

b. 東京の生活に慣れたので、アルバイトを始めることにした。

c. Aさん「週末のパーティー、行く？」

Bさん「考えたけど、行かないことにした。月曜日にテストもあるし。」

5) 何＋助数詞＋も、いくつも　many

◆ The combination of 何, a counter suffix, and も represents a large number of things/

people, etc., or a high frequency. の may be inserted when followed by a noun.

a. この大学には、キャンパスに住んでいる先生が何人もいる。

b. 漢字は何回も書けば、忘れにくくなると思う。

c. 駅前にはいくつも（の）コンビニがある。

6) Nとして　as N

◆ N indicates a status, role, or category.

a. 京都は観光地としてよく知られている。

b. 母は医者として、父はカウンセラーとして、同じ病院で働いている。

c. この問題について、留学生として意見を伝えたいと思う。

7) S(p)＋らしい　it seems that

◆ らしい indicates the speaker's guess based on his/her observation or an external source

of information.

AN／N＋らしい

a. Aさん「リーさんが、明日帰国するらしいですよ。」

Bさん「えっ。本当ですか。」

Aさん「本人には聞いていないんですが、友達がそう言っていました。」

b. 先輩の話では、あのコースは宿題が多くて大変らしい。

c. 弟がにこにこして学校から帰ってきた。何かいいことがあったらしい。

1. 話しましょう

1) 各グループから一人ずつ集まって、別の小さいグループを作ります。そこで一人ずつ、自分のグループの旅行のプランを説明しましょう。（ミニプレゼンテーション）

2) 発表を聞いている人は、もう少し詳しく聞きたいことや、確認したいことについて質問しましょう。

> 考えるポイントの例　・天気：雨が降ったらどうするか。
> 　　　　　　　　　　・１日のスケジュール：行くところが多すぎないか。
> 　　　　　　　　　　・場所：行ったことがある人でも、もう一度楽しめるか。

3) もう一度グループで集まって、話し合いましょう。（作戦会議）
   どんな質問がありましたか。他のグループのプレゼンテーションはどうでしたか。

4) グループごとに、全員の前でプレゼンテーションをします。（最終プレゼンテーション）

2. 話しましょう

1) どのグループのプランがいいと思いましたか。自分の考えを言いましょう。

> 私は、_____のプランがいいと思いました。
> なぜかと言うと、_____からです。

2) 投票をして、一番良かったプランを選びましょう。投票の結果はどうでしたか。

発表とスライドの例

　私たちは「映画大好き」グループです。私たちが選んだ行き先は、岐阜県です。

　「君の名は。」という映画に出てきた場所に行ったり、世界遺産を見に行ったりするプランを考えました。

行き先

　岐阜（ぎふ）県

・「君の名は。」という映画に出てきた場所に行く。

・飛騨高山にある世界遺産を見に行く。

世界遺産（せかいいさん）：world heritage

　2日目は飛騨古川というところに行きます。午前中に「君の名は。」に出てきた場所を見に行きます。「君の名は。」は、私が日本に来る前に何回も見た映画です。皆さんは見たことがありますか。見たことがある人は、実際にその

2日目に
何をする？

・飛騨古川へ行く
午前：「君の名は。」
に出てきた
場所
午後：街歩き

場所に行ったら絶対に感動すると思います。日本では、これを映画やアニメの「聖地巡礼」と言うそうです。午後は、飛騨古川の街歩きをします。歴史がある美しい街ですから、映画に興味がない人も、じゅうぶんに満足できると思います。

　3日目は、飛騨高山を観光します。飛騨古川から飛騨高山までは電車で20分くらいです。飛騨高山は世界遺産の街として知られています。江戸時代の古い家が残っていて、本当にすばらしいところです。近くに温泉もあります。

3日目に
何をする？

・飛騨高山へ行く

・世界遺産の観光

・温泉もあります！

　おすすめの食べ物は、五平餅です。これは、地元の人の一番のおすすめらしいです。とってもおいしそうですね！それから、岐阜市では11月に国際的な映画祭もあります。

　皆さん、岐阜県に行きませんか。

おすすめの
食べ物

・五平餅
（ごへいもち）

漢字の言葉

1. 次の言葉がわかるか確認してみましょう。

---

①〜泊　②準備　③調べる　④気候　⑤情報

⑥暑い　⑦涼しい　⑧寒い　⑨降る　⑩気温

⑪晴れ　⑫季節　⑬結果　⑭体験　⑮実際に

⑯絶対に　⑰満足　⑱国際的

---

2. 次の文を読んで、お互いに質問しましょう。

Q1　旅行するなら、暑い季節と寒い季節のどちらがいいですか。

Q2　旅行の前に、どんな準備をしますか。どんな情報を集めますか。

Q3　実際に旅行に行ってみたら、調べた情報と違っていたことがありますか。

Q4　行き先について調べた結果、ホテル代がとても高いことがわかりました。

　　どうしますか。

Q5　旅行先で雨が降ってしまったら、どんなところに行くのがいいと思いますか。

Q6　今までで一番長かった旅行では、何泊しましたか。

Q7　その旅行に満足しましたか。

Q8　旅行先で、国際的なイベントに参加したことがありますか。

Q9　あなたの住んでいる国に旅行するなら、何月がいいですか。気温は何度くらい

　　ですか。

Q10　あなたの住んでいる街に旅行に来た人に、絶対に体験してもらいたいことがあ

　　りますか。

振り返り

I. この課を終えて、今、次のことがどのくらいできるか考えてみましょう。

At the end of the lesson, look back to see if you can do the following, and circle the appropriate face mark.

				よくできる	できる	もう一息
日本語	旅行の経験について話す Talk about your travel experience.	プレタスク		☺	☺	☺
	自分の育った地域の気候について話す Talk about the climate of your hometown.	プレタスク		☺	☺	☺
	旅行に関するウェブサイトから必要な情報を探して読み取る Search for and read information you need from travel websites.	プレタスク		☺	☺	☺
	グループで話し合って旅行の計画を立てる Discuss and plan a trip in groups.	メインタスク		☺	☺	☺
	グループで考えた旅行の計画について説明する Give detailed information on your group's travel plan.	ポストタスク		☺	☺	☺
	他のグループの旅行の計画について意見を言う Express your opinion on other groups' travel plans.	ポストタスク		☺	☺	☺
	テーマに関する言葉や表現を使う Use vocabulary and expressions related to the theme.			☺	☺	☺
考え方	グループで協力して計画を立てる Make a travel plan by working together in a group.			☺	☺	☺

2. この課を通して、どんなことに気がついたり、考えたりしましたか。

What have you found out and thought about the topic through this lesson?

48

第5課 違いについて考えてみよう

あなたの育った地域と日本では、制度や習慣に関して
どのような違いがあるでしょうか。
さまざまな違いについて、考えてみましょう。

プレタスク
知っていることを話す
インタビューを聞く
新聞の投書を読む

メインタスク
比べて説明する文章を書く

ポストタスク
比べて説明する
他の人の話の要点をまとめる

プレタスク

1. 話しましょう

法律や制度、習慣やマナーに関して、自分の育った国や地域と
日本を比べてみましょう。

	自分の育った国や地域	日本
法律や制度		
結婚		18歳から
選挙権		18歳から
飲酒		20歳から
交通ルール		車は道の左側を走る
習慣やマナー		
結婚のお祝い		お金をあげることが多い
食事の支払い		別々に払うことが多い
マナー		人を指差すのは失礼

2. 聞きましょう 🔊3 🔊4

大学生の小川さんが、タイ人のナム先生に、日本とタイの
違いについてインタビューをしています。メモをしながら
聞きましょう。

法律：law　制度：system　習慣：custom　選挙権：right to vote　左側：left side

結婚のお祝い：wedding gift　支払い：payment　別々に払う：to pay separately

人を指差す：to point at someone

---

1. ナム先生が日本で驚いたこと 🔊 3

・ _____ こと

・ _____ の値段（１個 _____ 円）

2. 小川さんがタイで驚いたこと 🔊 4

・ _____ （タイの伝統文化）

→ _____ のように美しかったこと

3. 読みましょう

新聞の投書を読みましょう。親の子どもへの関わり方について、どんな違いがあると書かれていますか。

プレタスク

ホームステイ先で驚いたこと
学生　森野　美雪（東京都　18）

海外留学中にホームステイをしていて驚いたことがある。ホストファミリーには５歳の子どもがいたのだが、夜、時々夫婦だけで映画やコンサートに出かけることがあった。そんな時、私はシッターのアルバイト代をもらって、その子の面倒を見た。日本で、小さい子どもがいる親が同じことをしたら、批判する人もいるのではないだろうか。

私もはじめは驚いたが、彼らは夫婦だけの時間も大切だと考え、時々、二人で出かけるようにしていると聞いて、なるほどと思った。子どもへの関わり方は文化によって違うのだと感じた。

値段：price　伝統文化：traditional culture　投書：letter (to a newspaper)

親の子どもへの関わり方：the way parents involve in children

面倒を見る：to look after　批判する：to criticize

Ⅰ. 読みましょう

自分専用の食器

オリビア・チャン

　私は今、日本の大学に留学し、ホストファミリーと一緒に暮らしている。日本での生活でさまざまな習慣の違いに気がついたが、その中で特に面白いと思ったのは、食器の使い方に関する違いだ。

　日本の家庭では、いろいろな食器を自分専用で使うことが多い。例えば、ご飯用のお茶わんやおはしだ。私がホームステイをしている家でも、家族みんなの食器が決まっていて、私も専用の食器をもらった。それぞれ、色や形、もようなどが違っているので、区別しやすい。

　一方、私が育ったカナダでは、ほとんどの家庭で、自分専用の食器はない。食事の時のお皿やフォーク、スプーン、ナイフは同じ種類のもので、家族共用だ。小さい子どもは子ども用の小さいカップやスプーンを使うが、大きくなってからは、大人と同じものを共用で使う。

　なぜ日本では専用の食器を使うのだろうか。インターネットの情報によると、日本では、昔、自分だけの箱の中に専用の食器を入れて大切に使っていたようだ。また、ホストファミリーに聞いてみると、「当たり前すぎて考えたことはなかったが、自分専用の食器の方が特別な感じがして、長く大切に使うからかもしれない」と言っていた。

　カナダでも、マグカップだけは、それぞれがお気に入りのものを使うことが多い。日本の家庭でいろいろな食器を自分専用で使うのは、ものを長く大切に使いたい気持ちが強いからなのではないかと思った。

(580字)

1) それぞれの段落の中心文を見つけましょう。

第 1 段落 ⇨

第 2 段落 ⇨

第 3 段落 ⇨

第 4 段落 ⇨

第 5 段落 ⇨

2) 段落ごとの内容を簡単にまとめましょう。

第 1 段落

第 2 段落

第 3 段落

第 4 段落

第 5 段落

メイン
タスク

2. 書かきましょう

制度せいどや習慣しゅうかんなどの違ちがいについて、比くらべて説明せつめいする文章ぶんしょうを書かきます。

1) まず、テーマを決きめましょう。テーマが決きまったら、それについて調しらべましょう。また、同おなじようなテーマを選えらんだ人ひとと、どんなことを書かくか話はなしてみましょう。

2) 次つぎに、書かきたい内容ないようについて、段落だんらくごとにメモを書かきましょう。

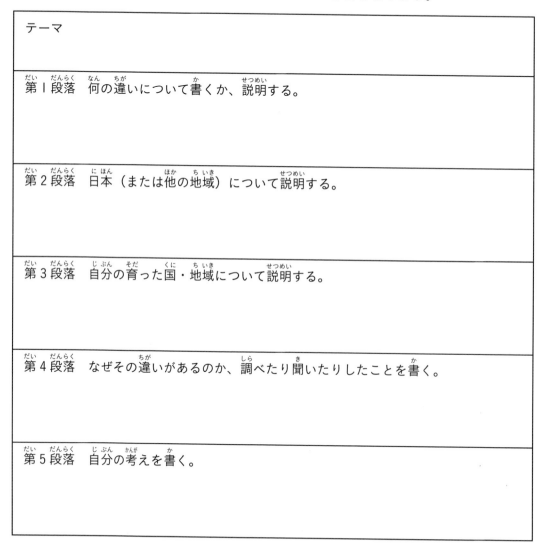

テーマ

第1段落だい だんらく　何なんの違ちがいについて書かくか、説明せつめいする。

第2段落だい だんらく　日本にほん（または他ほかの地域ちいき）について説明せつめいする。

第3段落だい だんらく　自分じぶんの育そだった国くに・地域ちいきについて説明せつめいする。

第4段落だい だんらく　なぜその違ちがいがあるのか、調しらべたり聞きいたりしたことを書かく。

第5段落だい だんらく　自分じぶんの考かんがえを書かく。

3) メモをもとに、普通体ふつうたいで約やく600字じの文章ぶんしょうを書かきましょう。

文型・表現

1)　Nに関してV　V on/about N

◆　Nに関してV is a more formal equivalent of Nについて V. N is the subject of verbal and cognitive activities such as 話し合う and 説明する.

> **N1に関するN2**　（N2 about N1)

a.　クラスメートと日本の伝統文化に関して話し合った。
b.　日本の文字の歴史に関する本を読んだ。

2)　N1に／と比べてN2は〜　in comparison to N1, N2 is …
　　N1とN2を比べると、〜　comparing N1 and N2, …

◆　This pattern is used to compare two things, people, ideas, etc.

a.　寮の生活に比べてアパートの生活はお金がかかる。
b.　私の国と日本を比べると、日本の方が雨が多い。
c.　日本の法律と私の国の法律を比べると、さまざまな違いがある。

3)　S(p)＋だけでなく、〜も〜　not only but also

> **ANな／N＋だけでなく、**

a.　考えるだけでなく、実際にやってみることも大切だ。
b.　あのレストランは、安くておいしいだけでなく、サービスもいい。
c.　このスマホアプリは便利なだけでなく、デザインもいい。
d.　期末試験は、書くテストだけでなく、インタビューテストもある。

4)　N1＋助詞＋のN2

◆　The following patterns are used when N1 with a particle modifies N2.

　　　N1でのN2　　　N1へのN2　　　N1とのN2　　　N1からのN2　　　N1までのN2

　　＊ Note: When indicating a direction, use へ, not に.
　　　　　✕ 空港にの行き方　　○ 空港への行き方

a.　結婚する友達へのお祝いは、何がいいだろうか。
b.　彼は、小学校の時からの親友だ。
c.　言葉が通じない国での生活は、苦労が多い。（言葉が通じる：make oneself understand）

5

文型・表現

5) S(p)＋のではないだろうか 【rhetorical question】

◆ This expression takes the form of a question. However, it is used to express the speaker's opinion while avoiding assertions. The equivalent spoken expression is 〜んじゃない／んじゃないでしょうか.

AN な／N な＋のではないだろうか

a. 大切なことを決める時は、誰かに相談した方がいいのではないでしょうか。

b. 剣道は単なるスポーツではなく、日本の文化なのではないだろうか。（単なる：mere）

c. 「1泊2日で、一人2万円？ それはちょっと高いんじゃない？」

6) V（る、ない）＋ようにする try to V; try not to V

◆ ようにする indicates the speaker's effort to carry out something.

a. 健康のために、これから毎日野菜を食べるようにする。

b. 友達とはできるだけ日本語で話すようにしている。

c. 冬はインフルエンザが心配なので、人が多いところには行かないようにしている。

7) S1。一方、S2。 S1. On the other hand, S2.

◆ 一方 indicates a contrast between S1 and S2.

a. このクラスは、日本のポップカルチャーが好きで日本語の勉強を始めた学生が多い。一方、日本の伝統文化に興味があって日本語の勉強を始めた学生もいる。

b. 日本やイギリスでは、車は道の左側を走る。一方、アメリカや中国では、車は道の右側を走る。

8) S(p)＋ようだ seem to; appear to

◆ ようだ expresses the speaker's presumption based on his/her observation, analysis, or a reliable source of information.

AN な／N の＋ようだ

a. Aさん「人が集まっていますね。何かあったんでしょうか。」
　 Bさん「交通事故があったようですよ。」

b. 友達に何回かメールを送ったが、返事がない。今週は忙しいようだ。

c. 熱もないし、せきも出ないから、風邪ではないようだ。

d. 調査の結果から、アジアに留学する大学生の数が増えていることがわかった。アジアに興味を持っている若者が多いようだ。

1. 話しましょう

自分が調べた「違い」について、比べて説明しましょう。

2. 聞いて話しましょう

1) 他の人の話を聞いて、メモを取りましょう。

テーマ（何の違いか）：＿＿＿＿＿＿＿＿＿＿＿＿＿＿＿＿

国・地域：＿＿＿＿＿＿＿では、＿＿＿＿＿＿＿＿＿＿＿＿＿＿。

国・地域：＿＿＿＿＿＿＿では、＿＿＿＿＿＿＿＿＿＿＿＿＿＿。

話を聞いて考えたこと：

2) 聞いた内容をまとめて、感想を言いましょう。

＿＿＿＿＿さんのテーマは＿＿＿＿＿＿＿＿＿＿＿＿＿＿でした。

＿＿＿＿＿では、＿＿＿＿＿＿＿＿＿＿＿＿＿＿＿そうです。

一方、＿＿＿＿＿では、＿＿＿＿＿＿＿＿＿＿＿＿＿そうです。

＿＿＿＿＿さんの話を聞いて、私は＿＿＿＿＿＿＿＿＿＿＿。

5

漢字の言葉

1. 次の言葉がわかるか確認してみましょう。

①法律　②制度　③習慣　④結婚　⑤選挙権

⑥～側　⑦お祝い　⑧値段　⑨伝統　⑩留学

⑪夫婦　⑫批判　⑬専用　⑭食器　⑮一緒に

⑯区別　⑰特別な　⑱段落

2. 次の文を読んで、お互いに質問しましょう。

Q1　車が道路の右側を走る国や地域はどこか知っていますか。左側はどうですか。

Q2　あなたの育った国や地域の法律では、何歳から選挙権がありますか。

Q3　あなたの育った地域では、結婚のお祝いにどのようなものをあげますか。

Q4　あなたの育った地域では、形が良くない野菜や果物は値段が安いですか。

Q5　あなたの家では、一人一人が自分専用の食器を使いますか。

Q6　小さな子どもがいる夫婦が、二人だけで映画やコンサートに出かけることについてどう思いますか。

Q7　小学生にスマホを持たせる親を批判する人がいますが、どう思いますか。

Q8　あなたの大学には、留学生のための特別な奨学金制度がありますか。

Q9　留学中は誰と一緒に暮らすのがいいと思いますか。

Q10　留学することによって、その国の伝統や習慣についてよく理解できると思いますか。

振り返り

1. この課を終えて、今、次のことがどのくらいできるか考えてみましょう。

At the end of the lesson, look back to see if you can do the following, and circle the appropriate face mark.

			よくできる	できる	もう一息
日本語	自分の育った地域と日本との違いについて話す Talk about the differences between the area you grew up in and Japan.	プレタスク	☺	☺	😐
	文化の違いについてのインタビューを聞き、要点を理解する Listen to interviews about cultural differences and understand the main points.	プレタスク	☺	☺	😐
	新聞の投書を読み、内容を理解する Read and understand a letter to a newspaper.	プレタスク	☺	☺	😐
	比べて説明する文章を適切な構成で書く Write an appropriately structured short essay to explain two things via comparison.	メインタスク	☺	☺	😐
	自分が調べた「違い」について、例をあげて説明する Give detailed information with examples on the "differences" you have studied.	ポストタスク	☺	☺	😐
	他の人の話を聞き、要点をまとめる Listen to others' explanations and summarize the main points.	ポストタスク	☺	☺	😐
	テーマに関する言葉や表現を使う Use vocabulary and expressions related to the theme.		☺	☺	😐
考え方	文化による違いについて、例をあげて考える Think about cultural differences with examples.		☺	☺	😐

2. この課を通して、どんなことに気がついたり、考えたりしましたか。

What have you found out and thought about the topic through this lesson?

第6課 音楽にはどんな力がある？

どんな音楽をよく聴きますか。
音楽に助けられたり、元気をもらったりしたことがありますか。
音楽が持つ力について、考えてみましょう。

プレタスク 　知っていることを話す
　　　　　　　ブログ記事を読む

メインタスク 　ラジオ番組を聞く

ポストタスク 　思い出について詳しく話す

I. 話しましょう

【日本の高校生に人気がある音楽のジャンル】

> J-POP、K-POP、ゲーム音楽、アニメソング、ロック、ポップス、
>
> クラシック、ジャズ、R & B、ソウル、ラップ、ヒップホップ、
>
> クラブ、ダンス、ハードロック、メタル

1) あなたは、いつもどんなジャンルの音楽を聴いていますか。

2) 好きな歌手やミュージシャンを簡単に紹介してください。

～という歌手
グループ
バンド　です。

～年にデビュー
しました。

自分たちで作詞・
作曲しています。

～年に発表／リリースした歌が、
世界中でヒットしました。

盛り上がる曲が
多いです。

歌詞／メロディーが
いいです。

デビューする：to debut　作詞する：to write lyrics　作曲する：to compose music

リリースする：to release　ヒットする：to be a hit

盛り上がる曲：rousing song　歌詞：lyrics

2. 話しましょう

試合前のアスリートがイヤホンをし、目を閉じて音楽を聴いているのを見たことがありますか。ある陸上選手によると、集中したい時に音楽の力を借りるのだそうです。
あなたはどんな時に、どんな音楽を聴きますか。
どうしてですか。

朝は、明るい感じの音楽を流します。明るい気持ちで一日を過ごしたいからです。

勉強する時は、歌詞がない曲を流します。
集中したいからです。

落ち込んでいる時、アップテンポの曲を聴きます。テンションを上げて、ストレスを解消します。

寝る前はクラシックを聴きます。リラックスしたいからです。

6

プレ
タスク

陸上：track and field　選手：athlete　集中する：to concentrate

（音楽、曲）を流す：to play　落ち込む：to be depressed

アップテンポ：up-tempo　テンションを上げる：to raise (one's) spirits

ストレスを解消する：to relieve stress

3. 読みましょう

次のページのさくらさんのブログを読んで、答えましょう。

1) 文章は5つの段落に分かれています。第2〜5段落には、それぞれ、いつのことが書いてありますか。どんな出来事がありましたか。

第2段落	
第3段落	
第4段落	
第5段落	

2) 下の質問に答えましょう。

① さくらさんが力をもらったのは、誰の、何という歌でしたか。

② この歌はいつリリースされましたか。何の主題歌になりましたか。

③ この歌が再び日本中に流れたのはいつですか。それはなぜですか。

④ 当時、さくらさんは何をしていましたか。この歌を聴いてどう思いましたか。

⑤ 今、さくらさんは何をしていますか。この歌を聴くとどんな気持ちになりますか。

さくらのブログ

何度でも

2021 年 4 月 30 日

音楽には、人を励ましたり元気にしたりする不思議な力がありますね。
私が力をもらったのは、ドリカム（DREAMS COME TRUE）というバンドの
「何度でも」という歌です。

この歌は 2005 年にリリースされ、『救命病棟 24 時』という病院のドラマの
主題歌になりました。そのころ中学生だった私はこのドラマが好きで、
将来は看護師になって人の役に立ちたいと思っていました。

この歌が再び日本中に流れたのは、2011 年の東日本大震災の時でした。
全国のラジオ局で、何度もリクエストされたのです。
家族も家もなくしてつらい思いをしている人たちに
少しでも元気になってほしかったのでしょう。

当時、私は大学生で、看護師を目指していました。
勉強を続けるのが本当に大変で、「もう無理かもしれない」と思って
何度も落ち込んで泣きそうになりました。そんな時、この歌を聴くと、
「頑張れ！ あきらめるな！ 前を向くしかない！」と
励まされているような気持ちになりました。

今、私は看護師として福島県の病院で働いています。
2020 年、新型コロナウイルス（COVID-19）が日本中に広がった時に、
また「何度でも」の歌が流れました。つらい時にこの歌が選ばれるのは、
みんなを元気にする力があるからだと思います。コロナのせいで悲しいことも
たくさんありますが、病院で働く多くの人がこの歌に勇気をもらっています。
私も「何度でも」を聴くたびに、頑張ろうという気持ちになります。

6

プレ
タスク

東日本大震災：Great East Japan Earthquake (March 11, 2011)

メインタスク

1. 話しましょう

思い出の歌、記憶に残っている歌について、お互いに話しましょう。

1) その歌を聴くと、どんなことを思い出しますか。

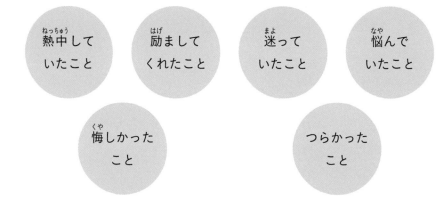

熱中していたこと　　励ましてくれたこと　　迷っていたこと　　悩んでいたこと

悔しかったこと　　つらかったこと

2) 今、その歌を聴くと、どんな気持ちになりますか。

懐かしい気持ち　　恥ずかしい気持ち　　切ない気持ち

2. 聞きましょう

「私の思い出の歌」について、3人のエピソードがラジオで紹介されています。

1) 「ダンス大好きさん」のエピソードを聞きましょう。🔊5

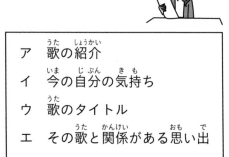

ア、イ、ウ、エのどの順番で話していますか。

① ＿＿＿＿＿＿＿＿＿＿＿＿について

↓

② ＿＿＿＿＿＿＿＿＿＿＿＿について

↓

③ ＿＿＿＿＿＿＿＿＿＿＿＿について

↓

④ ＿＿＿＿＿＿＿＿＿＿＿＿について

ア　歌の紹介
イ　今の自分の気持ち
ウ　歌のタイトル
エ　その歌と関係がある思い出

2) 他の2つのエピソードも、「ダンス大好きさん」と同じ順番で話しています。どんな話をしていますか。メモを取りましょう。🔊6　🔊7

メモの例

　　__ダンス大好き__　さん　🔊5
① 「光 -Ray Of Hope MIX-」
② 宇多田ヒカルが2002年に作詞作曲した「光」のリミックスバージョン。
　　ゲーム『キングダム　ハーツ』の主題歌
③ 高校3年生の夏、ダンスの大会に出た。毎日練習した。
　　うまく踊れなくて泣いたが、仲間が励ましてくれた。
　　結果は2位で、悔しかったが、いい思い出。
④ 忘れられない。懐かしい気持ちになる。

　　_____　さん　🔊6
①
②
③
④

　　_____　さん　🔊7
①
②
③
④

6

メインタスク

文型・表現

1) Ｖて＋ほしい　(I) want somebody to V

◆ Ｖてほしい expresses the speaker's desire, often used to indicate a request to someone.

　a. Ａさん「Ｃさんは、もう退院しましたか。」

　　Ｂさん「まだです。早く元気になってほしいと思います。」

　b. 明日のパーティーは、Ａさんに絶対に来てほしい。

　c. この旅行ガイドは情報が古い。もっと新しい情報を入れてほしい。

2) Ｖます＋そうだ　about to V

◆ Ｖそうだ expresses the situation where something beyond the speaker's control is about to happen. In this structure, the verb represents an occurrence the speaker cannot control.

　a. 「危ない！ 棚の上の荷物が落ちそうです。」

　b. 空が暗くなってきた。これから雨が降りそうだ。

　c. 友達が頑張っている姿を見て、涙が出そうになった。

3) 命令形／禁止形　【The imperative form and the prohibitive form】

◆ These forms often appear in a quotation, and particle と follows immediately after. な is added to the V dictionary form in order to indicate prohibition.

　a. 試合の時、コーチが「頑張れ！ 最後まであきらめるな！」と励ましてくれた。

　b. 入り口に「入るな　危険」と書かれた紙が貼ってあった。

　c. 親はもっと努力しろと言うが、今の状況では難しいと思う。　　　　　（状況：situation）

命令形　【The imperative form】

ru-verbs	Drop る and add ろ			
	見る	見ろ	食べる	食べろ
u-verbs	Drop -u and add -e			
	行く	行け	待つ	待て
	急ぐ	急げ	頑張る	頑張れ
Irr.verbs	来る	来い	する	しろ

4) Vる＋しかない　there is nothing for it but to V; cannot but V

◆　しかない indicates that the speaker has no other choice. It is usually used to express the speaker's intention.

a.　Aさん「次_{つぎ}のバスは、30分後_{ぶんご}ですね。」

　　Bさん「タクシーも来_こないし、歩_{ある}くしかないですね。20分_{ぶん}くらいかかりますが…。」

b.　他_{ほか}にできる人_{ひと}がいないのだから、私_{わたし}がやるしかない。

5) S1(p)＋のは、S2(p)＋からだ　It is because S2 that S1

◆　This structure is used when the speaker provides rationales. The result is expressed in S1 and the reason is expressed in S2.

a.　私_{わたし}は昔_{むかし}からアニメが好_すきでした。日本_{にほん}に留学_{りゅうがく}したのは、アニメーションの技術_{ぎじゅつ}を勉強_{べんきょう}したいからです。

b.　私_{わたし}は、日本_{にほん}の野球_{やきゅう}の歴史_{れきし}についてレポートを書_かくことにした。野球_{やきゅう}を選_{えら}んだのは、子_こどものころから野球_{やきゅう}をしていたからだ。

6

6) S(p)＋せい(で)　because

◆　せいで indicates the cause of an undesirable result.

> ANな／Nの＋せい(で)　(because of; due to)

a.　風邪_{かぜ}をひいたせいで、宿題_{しゅくだい}ができなかった。

b.　交通_{こうつう}が不便_{ふべん}なせいで、通学_{つうがく}に時間_{じかん}がかかる。

c.　大雨_{おおあめ}のせいでバスが来_くるのが遅_{おく}れた。

7) Vる／Nの＋たびに　every time V/in every N; whenever

◆　This pattern describes that the same thing always happens under a certain situation.

a.　この音楽_{おんがく}を聴_きくたびに子_こどものころを思_{おも}い出_だす。

b.　試験_{しけん}のたびに緊張_{きんちょう}しておなかが痛_{いた}くなる。

8) S(p)＋というN　N that S

◆　S (p) represents the content of N. In the position of N, words that related to information and words such as "ideas" and "feelings" are used.

a.　留学中_{りゅうがくちゅう}、父_{ちち}から「体_{からだ}に気_きをつけて頑張_{がんば}れ」というメッセージをもらった。

b.　動物園_{どうぶつえん}で双子_{ふたご}のパンダの赤_{あか}ちゃんが生_うまれたというニュースを聞_きいた。

c.　落_おち込_こんでいる時_{とき}は、外_{そと}に出_でかけようという気持_{きも}ちにならない。

文型・表現

1. 話しましょう

「思い出の歌」または「力をもらった歌」について、お互いに質問しましょう。

Q1　歌のタイトルは何ですか。誰が歌っていますか。

Q2　その歌はいつリリースされましたか。人気がありましたか。

Q3　その歌についての思い出やエピソードを教えてください。

Q4　今、その歌を聴くと、どんな気持ちになりますか。

2. 話しましょう

1) で話したことをもとに以下のメモを書き、「思い出の歌」または「力をもらった歌」について3分ぐらいで話しましょう。

---

①　歌のタイトルと歌手

　　私の思い出の歌は、＿＿＿＿＿＿＿＿＿＿＿＿＿＿＿＿＿＿。

＿＿＿＿＿＿＿＿＿＿＿＿＿＿＿＿＿＿＿＿という歌手が歌っている。

②　いつリリースされたか。人気があったか。

　　この歌は、＿＿＿＿＿＿＿＿＿＿＿＿＿＿＿＿＿リリースされた。

③　その歌についての思い出やエピソード

④　今、その歌を聴くと、どんな気持ちになるか。

70

漢字の言葉

1. 次の言葉がわかるか確認してみましょう。

> ①歌　②曲　③試合　④選手　⑤集中
>
> ⑥借りる　⑦解消　⑧再び　⑨流れる
>
> ⑩不思議な　⑪泣く　⑫悲しい　⑬勇気
>
> ⑭記憶　⑮残る　⑯熱中　⑰迷う　⑱悩む

2. 次の文を読んで、お互いに質問しましょう。

Q1　勉強に集中したい時、音楽を聴きますか。

Q2　音楽を聴くと、勉強している内容が記憶に残りやすくなると思いますか。

Q3　ストレスを解消したい時、どんな音楽を聴きますか。

Q4　悲しくて泣きたい気持ちの時に、聴く歌がありますか。どんな歌ですか。

Q5　あなたがよく行くお店やカフェでは、どんな曲が流れていますか。

Q6　あなたが音楽の力を借りたいと思うのは、どんな時ですか。

Q7　音楽から勇気をもらったことがありますか。どんな音楽ですか。

Q8　悩んだり、迷ったりした時に聴く歌がありますか。どんな歌ですか。

Q9　スポーツの試合の時に選手が聴く曲は、どんな感じの曲が多いと思いますか。

Q10　今、熱中していることがありますか。どんなことですか。

6

漢字の
言葉

振り返り

1. この課を終えて、今、次のことがどのくらいできるか考えてみましょう。

At the end of the lesson, look back to see if you can do the following, and circle the appropriate face mark.

			よくできる	できる	もう一息
日本語	よく聴いている音楽について話す Talk about the music you listen to often.	プレタスク	☺	☺	😐
	歌についてのブログ記事を読み、内容を理解する Read and understand a blog post about the songs.	プレタスク	☺	☺	😐
	ラジオの音楽番組を聞き、要点を理解する Listen to music programs on the radio and understand the main points.	メインタスク	☺	☺	😐
	歌にまつわる思い出について詳しく話す Talk in detail about your memories associated with the songs.	ポストタスク	☺	☺	😐
	テーマに関する言葉や表現を使う Use vocabulary and expressions on a theme.		☺	☺	😐
考え方	音楽が持つ力について考える Think about the power of music.		☺	☺	😐

2. この課を通して、どんなことに気がついたり、考えたりしましたか。

What have you found out and thought about the topic through this lesson?

72

7課 日本から世界へ
にほん　　せかい

あなたの育った地域で生まれて、世界に広がったものがありますか。

日本で生まれ、世界中で使われているものには、どんなものがあるでしょうか。

それが生まれた背景についても考えてみましょう。

プレタスク	知っていることを話す 解説の動画を見る
メインタスク	説明文を読む
ポストタスク	調べたことを発表する

プレタスク

I. 話しましょう

1) 日本や、あなたの育った地域で生まれたものには、どんなものがありますか。

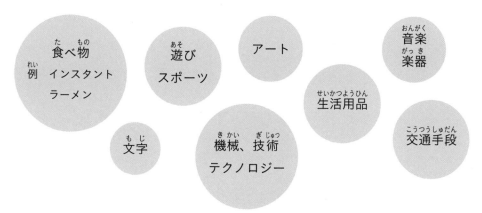

食べ物
例 インスタント
ラーメン

遊び
スポーツ

アート

音楽
楽器

生活用品

文字

機械、技術
テクノロジー

交通手段

2) 知っていることを紹介しましょう。

インスタントラーメンは
1958 年に日本で
初めて作られたそうです。

中国では、いろいろな
ものが発明されました。
その一つが紙です。

インターネットは
アメリカで
発明されました。

バティックは
インドネシアで
生まれた技術です。

ラグビーは、イギリス
生まれのスポーツです。
今では世界中で人気があります。

楽器：musical instrument　技術：technology　交通手段：transportation

生活用品：daily necessities　発明する：to invent　バティック：Batik

2.　見ましょう

日本で発明された点字ブロックについての動画を見ましょう。

例：『点字ブロック−誰もが安心して暮らせる街へ』

制作：simpleshow Japan　　https://www.youtube.com/watch?v=QOGJNSeZq_8

【見る前に】

1)　点字ブロックを見たことがありますか。

　　どこで見ましたか。

2)　あなたの育った地域に、点字ブロックが

　　ありますか。

【見た後で】

次の質問に答えましょう。

①　点字ブロックには、種類がいくつありますか。

②　点字ブロックを発明したのは誰ですか。

③　世界で初めて点字ブロックが使われたのはいつですか。

④　点字に比べて、点字ブロックの良いところは何だと言っていますか。

⑤　点字ブロックを使う人のために、してはいけないことは何だと言っていますか。

7

プレ
タスク

読みましょう

点字ブロックの誕生

　点字ブロックを知っているだろうか。駅のホームや道路にある黄色のブロックで、目の不自由な人に危険を知らせるために設置されているものだ。この点字ブロックが生まれたのは1960年代のことだ。発明したのは、岡山県の発明家であった三宅精一（1926～1982）という人である。

　1963年のある日、三宅は、目の不自由な人のすぐ近くを、車がものすごいスピードで走っていったのを見た。その人は、白い杖を持って横断歩道を渡っているところだった。危ないと思った三宅は、その時から、目の不自由な人が安全に外を歩くためにはどうしたらいいのか考えるようになった。

　三宅には岩橋英行という友人がいた。岩橋は目の不自由な人を助ける仕事をしており、自分自身も目が不自由だった。三宅は、岩橋が「地面の状態は、足の裏の感触でわかる」と言っていたことを思い出し、足の感触を使って危険を知らせる方法を考えた。それは、足の裏で突起を感じられるブロックを作り、危ない場所の近くに並べることだった。

　三宅は弟の三郎と協力し、目の不自由な人々の意見を聞いて何度もブロックを作り直した。1965年、縦に7つ、横に7つの丸い突起が付いたブロックをついに完成させた。三宅はこのブロックに「点字ブロック」という名前をつけた。その理由は、丸い突起が点字と似ていたからだった。

　三宅の夢は、この点字ブロックを日本の各都市や駅に設置することだった。夢の実現の第一歩は、1967年3月のことだ。岡山県立盲学校の近くの道路に、三宅が寄付した230個の点字ブロックが、日本で初めて設置されたのである。その時、歩行テストをしたのが岩橋だった。

　その後、三宅兄弟と岩橋は、いろいろな所に点字ブロックの資料を送ったり、点字ブロックを寄付したりした。彼らは、この点字ブロックが日本中で使われることを願っていたが、期待した通りにはならなかった。そのころの日本では、多

くの人が経済的な豊かさばかり求めていて、福祉に興味を持っていなかったからだ。お金も減り、三宅たちはやめた方がいいかもしれないという気持ちになった。

　しかし、人々は次第に福祉について考えるようになり、点字ブロックの良さについても理解し始めた。1970年には、大阪にある駅のホームに初めて点字ブロックが設置され、同じ年には、東京の高田馬場駅の近くでも使われることになった。それから、点字ブロックは日本全国に広まっていった。

　このころには、点字ブロックの形や色の改良も進み、7×7だったのが6×6の黄色のブロックになった。さらに、1975年には「進む方向を教える」機能を持つブロックが新しく考え出された。この新しい点字ブロックには棒の形の突起が付いている。「止まる場所を教える」ための点字ブロック（丸の形の突起）と「進む方向を教える」ための点字ブロック（棒の形の突起）を並べて使い分けることによって、目の不自由な人がもっと安全に歩けるようになった。

　三宅精一は1982年に亡くなったが、その後、弟の三郎が精一の活動を引き継ぎ、今では点字ブロックは世界の多くの国で使われている。三宅精一の発明は、今日も世界のいろいろな場所で、目の不自由な人を支え続けているのである。

1) 年、場所、人物に注目して、次の質問に答えましょう。

① 年：次の年に、どんなことがあったか。

1963 年	
1965 年	
1967 年	
1970 年	
1975 年	
1982 年	

メインタスク

② 場所：どこで点字ブロックが使われたか。

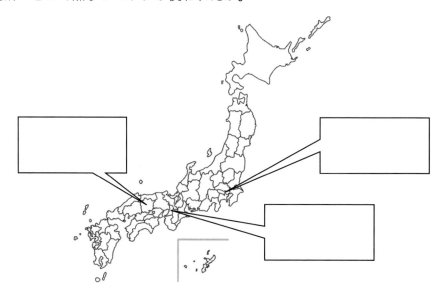

③ 人物：次の人たちについて、読んでわかったことを書きなさい。

三宅精一 （みやけせいいち）	
岩橋英行 （いわはしひでゆき）	
三宅三郎 （みやけさぶろう）	

2) 第2段落から第9段落を、次の内容で3つに分けましょう。

点字ブロックができるまで	第2段落〜
点字ブロックの広がり	
点字ブロックの発展	

78

3) 次の質問の答えを書きましょう。

① 三宅氏が目の不自由な人を助ける方法を考えるようになったのはいつごろか。

② 三宅氏の友人である岩橋氏は、どのような仕事をしていたか。

③ 「点字ブロック」という名前になったのは、なぜか。

④ 日本で初めて点字ブロックが設置された時、歩行テストをしたのは誰か。

⑤ 「期待した通りにはならなかった」（第6段落）のは、なぜか。

⑥ 初めて駅のホームで使われたのは、いつか。どこの駅だったか。

⑦ 二種類の点字ブロックについて、それぞれ説明しなさい。

メイン
タスク

文型・表現

1) N1 である N2　　N2 which is N1; N2 who is N1

◆　N1 である N2 is used in a formal situation, where N1 explains what/who N2 is.

a.　学長_{がくちょう}である山川先生_{やまかわせんせい}が、雑誌_{ざっし}のインタビューを受_うけた。

b.　有名_{ゆうめい}な観光地_{かんこうち}である北海道_{ほっかいどう}には、多_{おお}くの観光客_{かんこうきゃく}が訪_{おとず}れる。

2) V る＋ところ　　be about to V

◆　ところ indicates the state of an action or event at a certain point in time. V るところ indicates that the activity will happen soon, V ているところ indicates that it is happening currently, and V たところ indicates that it has just happened.

> V ている＋ところ （be V-ing）、V た＋ところ （have just finished V-ing）

a.　A「遅_{おく}れてすみません。」

　　B「すぐに会議室_{かいぎしつ}に行_いってください。今_{いま}から会議_{かいぎ}が始_{はじ}まるところです。」

b.　「今_{いま}、タクシーで会場_{かいじょう}に向_むかっているところです。あと 10分_{ぷん}で着_つきます。」

c.　A「今_{いま}、忙_{いそが}しい？」

　　B「大丈夫_{だいじょうぶ}。ちょうどレポートを書_かき終_おわったところだよ。」

3) V る＋ようになる　　come to V

◆　ようになる expresses a change of habit/ability/thoughts.

＊NOTE: Use V なくなる, not V るようにならない when indicating "stop V-ing" or "become unable to V".

○ 見_みなくなる　×見_みるようにならない

a.　「心配_{しんぱい}しないで。半年後_{はんとしご}には、日本語_{にほんご}でコミュニケーションができるようになるよ。」

b.　一人暮_{ひとりぐ}らしを始_{はじ}めてから、自分_{じぶん}で料理_{りょうり}するようになった。

c.　授業_{じゅぎょう}で漢字_{かんじ}をたくさん習_{なら}ったおかげで、小説_{しょうせつ}が読_よめるようになった。

4) V ます／A く、～。　【sentence connection in written style】　... and ...

◆　V ます／A く is used to connect sentences and often used in writing. It gives a more formal impression than the te-form does.

＊NOTE: When using the verb います in this sentence pattern, do not use "い," but "おり."

この街_{まち}には多_{おお}くの学生_{がくせい}が住_すんでおり、安_{やす}いアパートが多_{おお}い。

a. 兄は去年大学を卒業し、今は旅行会社で働いている。

b. ジャックは子どもの時から体が大きく、力も強かった。

c. 漢字はもともと日本の文字ではなく、中国の文字だ。

5) 複合動詞 【Compound verbs】

Ｖます＋始める　begin V-ing　　Ｖます＋終わる　finish V-ing

Ｖます＋続ける　continue V-ing　Ｖます＋直す　re-V (V again)

a. この本は面白いから、読み始めたら止まらなくなりますよ。

b. 使い終わった電池は、どこに捨てたらいいですか。

c. 久しぶりに会った友達と３時間も話し続けた。

d. 日本語で作文を書いたが、間違いが多かったので、書き直すことになった。

6) Ｖ(る、た)／Ｎ(の)＋通りだ、Ｎ通りだ　as; in the same manner

◆　通り emphasizes that something is carried out in the same way. In the case of N, there are two ways of expressing this : N のとおり and N どおり.

> Ｖ(る、た)／Ｎ(の)＋通りにV、　Ｖ(る、た)／Ｎ(の)＋通りのN

a. 「雨が降ってきたよ。今朝、私が言った通りだね。」

b. レシピに書いてある通りに作ってみたが、失敗してしまった。

c. プロジェクトは、計画の通り／計画通りに進んでいる。

7) Ａい／ＡＮ＋さ　【nominalizer】

◆　The suffix さ makes a noun indicate a degree or scale. "さ" is added to the stem of an adjective.

Ａい＋さ　⇒　重さ　高さ　深さ　難しさ　明るさ　強さ　白さ　良さ

ＡＮ＋さ　⇒　便利さ　静かさ　にぎやかさ　正確さ　大変さ

a. このコンピュータの重さは800グラムだ。持ってみると、その軽さに驚く。

b. 都会の生活の便利さに、すっかり慣れてしまった。

c. さまざまな文化を持つ人と交流できるのが、この大学の良さだ。

7

文型
・
表現

調べて発表しましょう

あなたの育った地域（または日本）で生まれ、世界に広まったものについて調べましょう。調べた結果をメモにまとめ、それをもとにスライドを作って5分くらいで発表します。（スライドのフォーマットは https://www.3anet.co.jp/np/books/4040/ にあります。）

p.96 の「3) 発表の表現」を使い、発表後に質疑応答もしてみましょう。

メモの例

日本で生まれたもの：インスタントラーメン
① いつ・誰が　⇒1958 年、安藤百福
② 何のために　⇒5 つの目標：おいしい、安い、安全、簡単、保存できる
③ どのように広まったか　⇒「チキンラーメン」「カップヌードル」
④ 現在　　　　⇒世界中、ローカロリー、非常食

発表の例

　私は日本で生まれたものについて調べました。それは、インスタントラーメンです。

　インスタントラーメンができたのは、1958 年のことです。安藤百福という人が発明しました。

　安藤さんは「おいしい」「安い」「安全」「簡単」「保存できる」という5 つの目標を立てて、食品を作りました。最初の商品の名前は「チキンラーメン」でした。

　「チキンラーメン」が発売されると、すぐに人気が出ました。その後、安藤さんは、1966 年に「カップヌードル」を作りました。食器を準備しなくてもいい「カップヌードル」も大人気でした。

　今では、世界でいろいろな種類のインスタントラーメンが作られていて、健康を意識したローカロリーのインスタントラーメンもたくさんあります。また、災害の時の非常食としても利用されています。

漢字の言葉

1. 次の言葉がわかるか確認してみましょう。

①機械　②技術　③手段　④発明　⑤世界

⑥不自由な　⑦危険　⑧安全　⑨協力

⑩完成　⑪実現　⑫資料　⑬経済的

⑭豊か　⑮良さ　⑯形　⑰機能　⑱支える

2. 次の文を読んで、お互いに質問しましょう。

Q1　点字ブロックがない駅のホームは、危険だと思いますか。

Q2　目の不自由な人が安全に外を歩くため、他にどんな発明があればいいと思いますか。

Q3　目の不自由な人がPCやスマホを使うために、どのような機能があったらいいと思いますか。

Q4　体の不自由な人を支える仕事にはどんなものがありますか。

Q5　未来の交通手段として、どんなものが発明されると思いますか。

Q6　最新の技術を使ったロケットを完成させるにはお金がかかります。そのようなロケットは必要だと思いますか。

Q7　経済的に豊かではない世界の人々のために、あなたは何ができると思いますか。

Q8　あなたの夢を実現するために、誰の協力が必要ですか。

Q9　インスタント食品の良さは何だと思いますか。

Q10　レポートを書くための資料を探す時に使える便利なツールを知っていますか。どんなツールですか。

漢字の
言葉

1. この課を終えて、今、次のことがどのくらいできるか考えてみましょう。

At the end of the lesson, look back to see if you can do the following, and circle the appropriate face mark.

			よくできる	できる	もう一息
日本語	自分の育った地域で生まれたものや発明について話す Talk about things and inventions that came from the area you grew up in.	プレタスク	😊	🙂	😐
	点字ブロックについて解説している動画を見て、要点を理解する Watch a video explaining Braille blocks and understand the main points.	プレタスク	😊	🙂	😐
	点字ブロックについて説明した文章を読み、内容を理解する Read and understand a text of Braille blocks.	メインタスク	😊	🙂	😐
	世界に広まったものや発明の例を探して発表する Find examples of things and inventions that have come into wide use around the world and give a presentation on them.	ポストタスク	😊	🙂	😐
	テーマに関する言葉や表現を使う Use vocabulary and expressions on a theme.		😊	🙂	😐
考え方	あるものが発明され、世界に広まった背景を理解する Understand the background of something that was invented and spread around the world.		😊	🙂	😐

2. この課を通して、どんなことに気がついたり、考えたりしましたか。

What have you found out and thought about the topic through this lesson?

84

プロジェクト

第1課から第7課までのテーマの中から興味があるものを選んでください。そのテーマについて日本語でインタビューをします。インタビューができたら、その結果をまとめて発表し、レポートを書きます。

目標・目的

1. 興味があるテーマについて質問を考え、必要な情報を集めることができる。
2. 日本語でインタビューをすることができる。(目上の人や初めて会う人にインタビューをする時は、敬語を使うことができる。)
3. スライドを作り、発表することができる。
4. 基本的な形式でレポートを書くことができる。書き言葉(普通体など)を使うことができる。

進め方

1. 興味があるテーマを選び、誰にインタビューをするか決める。
2. 質問を考え、どんな答えが返ってくるかを予想する。
3. インタビューの相手にメールでインタビューをお願いする。
4. インタビューをする。(直接でもオンラインでもいい)
5. インタビューの結果をまとめる。
6. 発表のスライドを作り、発表する(約8分)。
7. レポートを書く(約1,000字)。

ここでは、第1課の「習い事」をテーマにした例を紹介します。他のテーマでも、プロジェクトの進め方やレポートの書き方、発表のし方は同じです。

1. プロジェクトの計画を立てる

以下のように、プロジェクトの計画を立てましょう。

テーマ	子どもの時の習い事
どうしてこのテーマを選んだか	・第１課を勉強した時、他の人の子どもの時の習い事の経験を聞いて、とても面白いと思った。 ・習い事について、日本人の友達の経験や考えを聞いてみたいと思った。
誰にインタビューをするか	アメリカの大学に留学している日本人学生
どんなことが知りたいか (質問の例)	・子どもの時、どんな習い事をしていましたか。 ・子どもの時の習い事は、今の生活に役に立ちますか。

2. インタビューの質問を考える

1) インタビューでは、必ず、以下の二つの点(「経験」と「考え・意見」)について聞いてください。思いついた質問を全部メモに書きましょう。

① 習い事の経験

子どもの時、どんな習い事をしていましたか。

子どもの時の習い事は、今の生活の役に立っていますか。

好きだった習い事は何ですか。

② 習い事についての考え・意見

国や地域によって、子どもの習い事は違うと思いますか。

子どもがいたら、どんな習い事をさせたいですか。

「現代の子どもは、習い事で忙しすぎる」という意見についてどう思いますか。

2) 質問が決まったら、どの順番で聞くか考えて、インタビューシートを作りましょう。②の「習い事についての考え・意見」は、どんな答えが返ってくるかも予想しましょう。

インタビューシートの例

インタビューシート

・テーマ：子どもの時の習い事
・インタビューの日（予定）：5月9日
・場所（方法）：オンライン
・インタビューの相手：20代男性・大学生　アメリカ・ボストン在住

①　習い事の経験
質問1：子どもの時、どんな習い事をしていましたか。

質問2：その中で、一番好きだった習い事は何ですか。どうしてですか。

質問3：習い事の経験は、今の生活の役に立っていますか。

②　習い事についての考え・意見
質問4：子どもがいたら、どんな習い事をさせたいですか。

予想した答え：自分と同じ習い事をさせたいです。役に立つことがわかっているからです。

質問5：「現代の子どもは、習い事が多すぎて遊ぶ時間がない。もっと遊んだ方がいい。」という意見があります。これについてどう思いますか。

予想した答え：習い事は役に立つので、した方がいいと思います。でも、多すぎるのは良くないです。

---

3. インタビューをする

1) メールを送り、インタビューの約束をしましょう。

メールの例

差出人：Maiko Grace <maimai625@xxx.ac.jp>

宛先：takeuchi.tomo@xxx.ac.jp

件名：日本語クラスのインタビューのお願い

2021／4／20　10：08

竹内さん

こんにちは、グレースです。お久しぶりですね。お元気ですか。

今日は、竹内さんにお願いがあって、メールをしました。

今、私が勉強している日本語のクラスで、インタビュープロジェクトをすることになりました。私が選んだテーマは、「子どもの時の習い事」です。それで、ぜひ竹内さんにインタビューしたいのですが、協力してもらえませんか。

　日にち：5月3日から10日までの間で、どこか1日
　時間：30分くらい
　方法：オンライン

よかったら、都合がいい日と時間を教えてもらえませんか。日にちが決まったら、後でインタビューの方法をお知らせします。

どうぞよろしくお願いします。

マイコ・グレース

---

2) インタビューの練習をしましょう。目上の人や、初めて会う人にインタビューする場合は、p.94 の「6. 役に立つ表現 1）インタビューの表現」を見て、敬語を使う練習もしましょう。

3) インタビューシートに結果を書きましょう。

インタビューシート

・テーマ：子どもの時の習い事
・インタビューの日：5月9日
・場所（方法）：オンライン
・インタビューの相手：20代男性・大学生　アメリカ・ボストン在住

① <u>習い事の経験</u>
質問1：子どもの時、どんな習い事をしていましたか。
答え：サッカー、空手、そろばんを習っていました。

質問2：その中で、一番好きだった習い事は何ですか。どうしてですか。
答え：空手です。自分が強くなることがわかったからです。

質問3：習い事の経験は、今の生活の役に立っていますか。
答え：はい。空手で強い精神力を身につけたおかげで、留学中のつらいことも乗り越えられています。

② <u>習い事についての考え・意見</u>
質問4：子どもがいたら、どんな習い事をさせたいですか。どうしてですか。
予想した答え：自分と同じ習い事をさせたいです。役に立つことがわかっているからです。
実際の答え：ピアノを習わせたいです。音楽で感性を養ってほしいからです。空手もいいですが、子どもにとって練習は少し厳しすぎるかもしれません。子どもが自分で習いたいと言ったら、考えます。

プロ
ジェクト

4. 発表する

1) 発表とレポートの構成を考える

以下の流れで、発表とレポートの構成を考えましょう。

はじめに	インタビューのテーマ、知りたいことは何か
	どんな人にインタビューしたか
	レポートの構成、流れ
本論	インタビューの方法
	インタビューの質問
	インタビューの結果
おわりに	まとめ
	このプロジェクトでわかったこと、学んだこと

2) スライドを作成する

以下のように、スライドを作成しましょう。

スライドの例

子どもの時の習い事
ーアメリカに留学している日本人へのインタビュー

マイコ・グレース

---

1. はじめに

・子どものころ、習い事をしていた人は多い。

・習い事の経験が今の生活にどのような影響を与えているか知りたい。

→アメリカに住む日本人大学生にインタビュー

---

2. インタビューの方法

・2021年5月

・オンラインインタビュー

・時間は15分

---

2. インタビューの方法

インタビューの相手

　・Aさん（20代・男性）

　・アメリカ・マサチューセッツ州

　・2020年の秋からM大学に留学

---

3. インタビューの質問

①習い事の経験

・どんな習い事をしていましたか。

・一番好きだった習い事は何ですか。どうしてですか。

・習い事の経験は、今の生活の役に立っていますか。

---

3. インタビューの質問

②習い事についての考え

・子どもがいたら、どんな習い事をさせたいですか。

・「現代の子どもは、習い事が多すぎて遊ぶ時間がない。もっと遊んだ方がいい」という意見があります。これについてどう思いますか。

---

4. インタビューの結果

Aさんの経験

　・サッカー、空手、そろばん

　・一番好きだった習い事は空手

　・空手で強い精神力を身につけたことが、今の留学生活の役に立っている。

精神力：strength of mind

---

4. インタビューの結果

興味深かった答え

> 質問：子どもがいたら、どんな習い事をさせたいですか。
> 答え：ピアノを習わせたいです。音楽で感性を養ってほしいからです。空手もいいですが、子どもにとって練習は少し厳しすぎるかもしれません。子どもが自分で習いたいと言ったら、考えます。

→予想と違った。
→子どもの気持ちを聞くのは大切だ。

感性を養う：to develop sensitivity

---

5. おわりに

・Aさんの答え：予想とだいたい同じだったが、違うこともあった。

・習い事の経験がAさんの留学生活の役に立っている。

・次は、アメリカ以外の国に留学している日本人にインタビューをしてみたい。

プロジェクト

5. レポートを書く

以下のように、レポートを書きましょう。

レポートの例

子どもの時の習い事
――アメリカに留学している日本人へのインタビュー――

名前　マイコ・グレース

I．　はじめに
　子どもの時に習い事をしていた人は多いが、何を習っていたかは人によって違う。習い事について、その人の具体的な経験を知り、その経験が今の生活にどのような影響を与えているか知りたいと思った。そこで、私は、今回のプロジェクトで、アメリカに住む日本人大学生にインタビューをすることにした。このレポートでは、まず、インタビューの方法を説明する。次に、質問と興味深かった答えを紹介する。最後に、このインタビューでわかったことをまとめる。

2．　インタビューの方法
　インタビューは 2021 年 5 月にオンラインで行った。インタビューの相手は、マサチューセッツ州に住む 20 代の日本人男性 A さんである。A さんは、去年の 9 月からアメリカの大学に留学している。インタビューの時間は約 15 分だった。

3．　インタビューの質問
　インタビューの前に、二つの点について質問することを決めた。一つ目は、習い事の経験である。「どんな習い事をしていましたか。」「その中で、一番好きだった習い事は何ですか。どうしてですか。」「習い事の経験は、今の生活の役に立っていますか。」などの質問を準備した。二つ目は、習い事についての考えである。「子どもがいたら、どのような習い事をさせたいですか。」「現代の子どもは、習い事が多すぎて遊ぶ時間がない。もっと遊んだ方がいいという

意見があります。これについてどう思いますか。」という質問を準備し、どんな答えが返ってくるかも予想した。

4. インタビューの結果

　インタビューでは、さまざまな話を聞くことができた。Aさんは子どもの時にサッカー、空手、そろばんを習っていた。その中で一番好きだったのは空手だそうだ。そして、空手で強い精神力を身につけたおかげで、留学中のつらいことも乗り越えられていると考えている。

　次に、興味深かった答えを紹介する。「子どもがいたら、どのような習い事をさせたいですか。」という質問に、Aさんは「ピアノを習わせたいです。音楽で感性を養ってほしいからです。空手もいいですが、子どもにとって練習は少し厳しすぎるかもしれません。子どもが自分で習いたいと言ったら、考えます。」と答えた。この答えは、私の予想と少し違った。私は、Aさんは空手が役に立つと言っていたので、子どもにも空手を習わせると思ったからだ。Aさんの意見を聞いて、子どもの気持ちを聞くのは大切だと思った。

5. おわりに

　以上、インタビューの方法を説明し、結果をまとめた。Aさんの答えは、私の予想とだいたい同じだったが、違うこともあった。インタビューを通して、習い事の経験がAさんの今の留学生活の役に立っていることがよくわかった。チャンスがあったら、次はアメリカ以外の国に留学している日本人にインタビューをしてみたいと思う。

(1140字)

6. 役に立つ表現

1) インタビューの表現

	普通の言い方	丁寧な言い方
自己紹介	（私は）〜です。 どうぞよろしくお願いします。	（私は）〜と申します。 どうぞよろしくお願いいたします。
経験を聞く	子どもの時、どんな習い事をしていましたか。	子どもの時、どんな習い事をしていらっしゃいましたか。
聞きにくい質問の前に	もしよかったら、教えてほしいんですが、…。	もしよろしければ、教えていただきたいんですが、…。
考えや意見を聞く	〜について、どう思いますか。／どのように考えていますか。	〜について、どう思われますか。／どのように考えていらっしゃいますか。
わからない言葉があった時	すみません、＿＿＿＿＿の意味がわからなかったので、もう一度説明してくれませんか。	すみません、＿＿＿＿＿の意味がよくわからなかったのですが、もう一度説明してくださいませんか。

①尊敬語

	特別な尊敬語	お＋Ｖます＋になります	Ｖ（ら）れます
言う	おっしゃいます	—	言われます
行く	いらっしゃいます	—	行かれます
いる	いらっしゃいます	—	—
思う	—	お思いになります	思われます
考える	—	お考えになります	（考えられます）
来る	いらっしゃいます	—	（来られます）
する	なさいます	—	されます
食べる	召し上がります	（お食べになります）	（食べられます）
飲む	召し上がります	お飲みになります	飲まれます
話す	—	お話しになります	話されます
見る	ご覧になります	—	（見られます）
読む	—	お読みになります	読まれます

Ｖていますか → Ｖていらっしゃいますか　　知っていますか → ご存じですか

Ｖてくれませんか → Ｖてくださいませんか　Ｖてください → おＶますください

②謙譲語

	特別な謙譲語	お／ご＋Vます＋します
会う	お目にかかります	―
言う	申します	―
行く	参ります	―
いる	おります	―
聞く	伺います	お聞きします
来る	参ります	―
紹介する	―	ご紹介します
する	いたします	―
説明する	―	ご説明します
話す	―	お話しします
訪問する	伺います	―
見る	拝見します	―
もらう	いただきます	―
知っている	存じています／存じております	―
Vている	Vております	―

プロ
ジェクト

2) 話し言葉と書き言葉

話し言葉	書き言葉
～じゃない	～ではない
～ちゃう	～てしまう
～ちゃいけない	～てはいけない
～なきゃならない	～なければならない
～てる	～ている
すごく	とても
ちょっと	少し
でも、	しかし、
～けど、	～が、
～から、	～ので、～ため

3) 発表の表現

① 発表を始める・終わる

では、発表を始めます。私の発表のタイトルは「子どもの時の習い事─アメリカに留学している日本人へのインタビュー─」です。

以上です。ご質問をよろしくお願いします。

② 質問する

・とても面白い発表でした。
・興味深い発表をありがとうございました。

↓

・質問があります。／質問が二つあります。
・～について、お聞きしたいんですが、…。

↓

「　　　　　　　　　　　　　質問　　　　　　　　　　　　　」

③ 質問に答える

ご質問ありがとうございます。

↓

「　　　　　　　　　　　　質問の答え　　　　　　　　　　　　」

↓

よろしいでしょうか。

【答えにくい時、よく知らない時】

はっきりわかりませんが、…。

これは、私の個人的な考えですが、…。

8. 振り返り

プロジェクトを終えて、次のことがどのぐらいできたか考えてみましょう。

At the end of the project, look back to see if you can do the following, and circle the appropriate face mark.

1) 発表

		よくできる	できる	もう一息
内容	インタビューの方法や質問内容について説明する Explain interview method and question contents.	☺	☺	😐
	インタビューの結果や興味深かった答え、考えたことを説明する Explain results of interview, interesting answers, and thoughts.	☺	☺	😐
日本語	言葉や表現を適切に、正しく使う Use words and expressions appropriately and accurately.	☺	☺	😐
	発表に適した文体を使う Use style suitable for a presentation.	☺	☺	😐
スライド	発表の内容と合うスライドを作成する Make slides that match the content of the presentation.	☺	☺	😐
	見る人にとってわかりやすいスライドを作成する Make slides that are easy for the audience to understand.	☺	☺	😐
	適切な形式でスライドを作成する Make slides in the appropriate format.	☺	☺	😐
話し方	聞く人にとってわかりやすい話し方で話す Speak in a way that is easy for the audience to understand.	☺	☺	😐
Q&A	質問を理解して、わかりやすく答える Understand the question and answer it in an easy-to-understand manner.	☺	☺	😐
	他の人の発表を聞き、質問する Listen to others' presentations and ask questions.	☺	☺	😐

プロジェクト

2) レポート

		でよ きく る	で き る	も う 一息
内容	「はじめに」で、何が知りたいかを述べている State what you wish to know in the introduction.	☺	☺	😐
	インタビューの方法や質問内容について説明している Explain interview method/question content.	☺	☺	😐
	インタビューの結果や興味深かった答え、考えたことを説明している Explain results of interview, interesting answers, and thoughts.	☺	☺	😐
	「おわりに」で、インタビューを通して学んだことを述べている State what you learned through the interview in the conclusion.	☺	☺	😐
日本語	言葉や表現を適切に、正しく使っている Use words and expressions properly and correctly.	☺	☺	😐
	書き言葉で書いている Use the written style.	☺	☺	😐
レポートの形式、文字	適切な形式で書いている Write a report in the appropriate format.	☺	☺	😐
	文字を正しく使って（タイプして）いる Use (type) the letters correctly.	☺	☺	😐
	約 1,000 字の長さで書いている The report is written in a length of about 1000 characters.	☺	☺	😐

著者　国際基督教大学 教養学部 日本語教育課程

執筆者（アルファベット順）
相場いぶき
藤本恭子
萩原章子（中級1主担当）
金山泰子（中級1主担当）
西野藍　（中級1主担当・統括）
尾崎久美子
小澤伊久美
澁川晶

協力　沼田大貴　土橋萌乃　Wichaya Yoshida

イラスト　株式会社オセロ

装丁・本文デザイン　梅津由子

写真提供：
　PIXTA　p.1, p.37, p.40（SL 銀河）, p.46, p.49, p.61, p.73
　株式会社戸隠民俗資料館　p.40　　静岡県観光協会　p.40
　（公財）高知県観光コンベンション協会　p.40　　公益財団法人宮崎県観光協会　p.40

タスクベースで学ぶ日本語　中級1
Task-Based Learning Japanese for College Students

2022 年 4 月 27 日　初版第 1 刷発行
2023 年 3 月 6 日　第 2 刷 発 行

著　者　　国際基督教大学 教養学部 日本語教育課程
発行者　　藤嵜政子
発　行　　株式会社スリーエーネットワーク
　　　　　〒102-0083　東京都千代田区麹町 3 丁目 4 番
　　　　　　　　　　　トラスティ麹町ビル 2F
　　　　　電話　営業　03（5275）2722
　　　　　　　　編集　03（5275）2725
　　　　　https://www.3anet.co.jp/
印　刷　　萩原印刷株式会社

ISBN978-4-88319-904-4　C0081

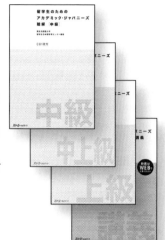